Gestión estratégica

Director de la colección:
SANTIAGO C. LAZZATI

Diseño de tapa:
GUSTAVO WALD

ROBERTO DE LUCA
SANTIAGO LAZZATI

Gestión estratégica

En los distintos niveles de la organización

GRANICA
ARGENTINA - ESPAÑA - MÉXICO - CHILE - URUGUAY

ARGENTINA
Ediciones Granica S.A.
Lavalle 1634 3° G / C1048AAN Buenos Aires, Argentina
granica.ar@granicaeditor.com
atencionaempresas@granicaeditor.com
Tel.: +54 (11) 4374-1456 Fax: +54 (11) 4373-0669

MÉXICO
Ediciones Granica México S.A. de C.V.
Calle Industria N° 82
Colonia Nextengo - Delegación Azcapotzalco
Ciudad de México - C.P. 02070 México
granica.mx@granicaeditor.com
Tel.: +52 (55) 5360-1010. Fax: +52 (55) 5360-1100

URUGUAY
granica.uy@granicaeditor.com
Tel: +59 (82) 413-6195 Fax: +59 (82) 413-3042

CHILE
granica.cl@granicaeditor.com
Tel.: +56 2 8107455

ESPAÑA
granica.es@granicaeditor.com
Tel.: +34 (93) 635 4120

www.granicaeditor.com

ISBN 978-950-641-961-5

Hecho el depósito que marca la ley 11.723

Impreso en Argentina. *Printed in Argentina*

De Luca, Roberto
Gestión estratégica : en los distintos niveles de la organización / Roberto De Luca ; Santiago C. Lazzati - 1a. ed. - Ciudad Autónoma de Buenos Aires : Granica, 2018.
160 p. ; 22 x 15 cm.

ISBN 978-950-641-961-5

1. Gestión. I. Lazzati, Santiago C. II. Título
CDD 658.403

Índice general

Agradecimientos

De Santiago Lazzati

Como siempre, y más que nunca, a mis hijos Alejandra, Diego y Paula.

De Roberto De Luca

A mi familia por su amor y apoyo incondicional.

A todas aquellas personas que conocí en las actividades profesionales y docentes. Todo lo que sé lo aprendí con ellos.

Prólogo

Cuando Santiago me propuso la posibilidad de hacer el prólogo para su nuevo libro, me sorprendió sobremanera. Algunas preguntas me surgieron naturalmente: ¿quién era yo y cuáles mis pergaminos o méritos para recibir tamaño reconocimiento y valoración? ¿Cómo podría ser el encargado de redactar el prólogo de una obra que presenta una precisa compilación de múltiples experiencias y aprendizajes y el fruto del permanente y cuidadoso estudio de sus autores? Imagino que, más allá de su generosidad, la razón fundamental es haber transitado juntos más de 35 años de una prolífera carrera profesional, donde su ayuda, consejo y ejemplo se han manifestado de manera permanente para forjar mi destino, y por el cual estaré eternamente agradecido.

Dicho esto, me gustaría dejarles mis impresiones. Siendo importante comprender primero quién sería el destinatario natural de este nuevo libro, la respuesta obvia que me surge es: todo aquel que, como parte integrante de una organización, requiera para su desarrollo profesional entender de manera sucinta, pero clara y precisa, cómo pensar e interpretar aquellos aspectos vinculados a la gestión de la estrategia. Les garantizo que será un instrumento de consulta ágil y accesible para aquellas personas que buscan perfeccionarse, independientemente de sus diversos estadios académicos o laborales.

Déjenme ahora centrarme en el contenido propiamente dicho. A modo de resumen, el presente condensa, como les advertí, lo más relevante de los trabajos y estudios de Santiago y Roberto como consultores y académicos, sobre la Gestión Estratégica en las organizaciones modernas. Recorre temas críticos y relevantes como las decisiones de alto nivel, las cuestiones estratégicas clave, los cambios organizacionales de alto impacto, el efecto cascada en toda la estructura de las decisiones, objetivos y prioridades estratégicas, la descripción meticulosa del proceso y su implementación, para terminar vinculándolos con los elementos de la organización que tienen un impacto determinante en su configuración y funcionamiento.

A la claridad de conceptos y su desarrollo analítico, se le suma el esquema de organización basado en contenidos temáticos en módulos y agrupados en orden alfabético. El cual permite al lector un seguimiento metódico y orgánico de los mismos, facilitando su lectura y el aprendizaje.

Por otra parte, Santiago y Roberto entablan una secuencia que va desde lo general a lo particular, pero retroalimentándose permanentemente y vinculando múltiples aspectos durante el desarrollo de toda la obra. A lo largo de la misma podrán apreciar también el estilo característico de ambos autores: hacer un cuidado uso de cada palabra, buscando la simplificación pero dotándola de precisión y claridad.

Les sugiero proceder a su lectura sin perder de vista la curiosidad por su replanteo y la contrastación permanente con sus intervenciones, experiencias y situaciones de vuestra actividad profesional o laboral. Esto les permitirá extraerle su máximo valor. Espero que puedan también valorar la generosidad de ambos autores para compartir con ustedes, lectores, los conocimientos y experiencia que ellos han cultivado durante su sobresaliente trayectoria y que son volcadas en los diferentes tópicos abordados.

Queridos lectores, traspasando esta breve página comenzarán a transitar un análisis meticuloso de los conceptos de la gestión estratégica en las organizaciones y sus diferentes modelos e instrumentos de aplicación. Esto, les aseguro, será de suma utilidad. Es ahora el momento de disfrutar, y recuerden: una primera lectura no alcanza, la revisión constante les otorgará un beneficio adicional: ser un documento de consulta permanente.

Alejandro Díaz
Director ejecutivo de la Cámara de Comercio de Estados Unidos en Argentina

Introducción a la colección "Módulos de management"

Este libro es el quinto de una colección de libros sobre management que se caracteriza por una estructura común que organiza los contenidos temáticos en módulos.

Un módulo es una unidad más bien pequeña, en general de una a tres páginas, correspondiente a un aporte valioso que puede ser un concepto fundamental, un modelo, una metodología, una herramienta de análisis, una guía de acción, etc.; o bien una combinación de estos elementos. Cada uno de los módulos presenta un gráfico representativo del tema.

Obviamente, el tratamiento adecuado de cierto tema requiere una extensión superior al alcance que le damos a un módulo. Sin embargo, esto no es un impedimento porque, con un enfoque que va de lo general a lo particular, se arma un primer módulo de carácter abarcativo, y en módulos subalternos se avanza sobre los contenidos pertinentes. Por ejemplo, en el módulo PLANEAMIENTO ESTRATÉGICO – METODOLOGÍA se hace referencia a las CUESTIONES ESTRATÉGICAS CLAVES, que se tratan en el módulo respectivo.

Además de las relaciones que van de lo general a lo particular, y viceversa, como la ejemplificada en el párrafo precedente, existen muchas otras relaciones de distinto tipo. Por ejemplo, entre la implementación de la estrategia y la gestión del cambio.

La estructura en módulos, unida a las múltiples conexiones entre ellos, permite navegar en los contenidos conforme a la preferencia del lector. Por ejemplo, donde existe un esquema subyacente de género a especie, uno puede entrar por lo más general para ir profundizando a medida que lo necesita, o dirigirse directamente al aspecto específico que interesa en el momento; por otra parte, se puede recorrer las páginas echando una ojeada, para concentrarse en aquellos módulos que disparan la atención; o bien puede usarse el texto como si fuese un diccionario, buscando directamente el concepto; etc.

Hemos optado por no indicar la bibliografía correspondiente a cada módulo, porque esto hubiese sido una labor excesiva y de dudoso valor agregado, por la tremenda dispersión de referencias. Sin embargo, en ciertos módulos nos ha parecido oportuno citar aquella obra que constituye la fuente fundamental del módulo. Por otro lado, incluimos una bibliografía general que indica los principales libros tomados en cuenta para desarrollar los módulos.

Pensamos que esta colección habrá de ser útil tanto en el ambiente académico (docentes, investigadores y alumnos) como en el empresarial. Estamos convencidos de que su estructura es propicia para adquirir, reforzar, confirmar u ordenar conocimientos, de manera eficaz y eficiente.

Además, puede servir de base para que cualquier empresa encare un proyecto que creemos ofrece grandes beneficios: desarrollar un conjunto de módulos propios adecuados a los objetivos estratégicos, políticas y procedimientos de la empresa que guíe sus actividades en materia de management y comportamiento humano. En este orden incluimos un Apéndice titulado "Sistema de módulos del conocimiento".

Introducción

En esta obra ofrecemos a los lectores nuestros conocimientos y experiencias como consultores en gestión estratégica, que hemos desarrollado a lo largo de muchos años. Nos ha parecido adecuado organizar su texto en forma de módulos, al igual que otros temas de la colección "Módulos de management" .

Hemos agrupado los módulos en cinco secciones:

- Conceptos fundamentales.
- Procesos de gestión estratégica.
- Análisis de la organización
- Modelos y herramientas.
- Relación entre la estrategia y otros elementos de la organización.

Dentro de cada sección, los módulos siguen un orden alfabético, a fin de facilitar su acceso en forma individual, en línea con la estructura del libro.

En la primera sección, en el módulo 10, partimos del concepto de lo estratégico: *las decisiones de más alto nivel,* que tienden a producir efectos significativos a mediano o largo plazo y que implican enlaces esenciales con elementos del entorno. En el módulo 5 sobre las cuestiones estratégicas claves indicamos que tales decisiones se refieren a los objetivos de máximo nivel, al *output* (qué productos, a qué clientes, etcétera), al *input* (obtención y utilización de recursos) y a los cambios organizacionales de alto impacto. En los módulos 11 y 12 sobre los niveles de la estrategia sostenemos que dichas decisiones corresponden no solo a la organización tomada en conjunto, sino también a una unidad de negocio, a un área funcional o a otro sector de la organización; vale decir que la estrategia es aplicable en distintos niveles de la organización. Ello nos lleva al módulo 2, donde resaltamos que la capacidad estratégica no es una competencia requerida únicamente para la alta dirección; es importante también para los niveles gerenciales siguientes, cada uno en lo inherente a su respectiva área de responsabilidad. Este concepto abarcativo de lo estratégico amplía enormemente el alcance del libro y de las personas interesadas en él.

En el apartado precedente hicimos referencia al módulo 5, que identifica y clasifica las cuestiones estratégicas claves: los objetivos de máximo nivel, el *output,* el *input* y los cambios organizacionales de alto impacto. Tomando como base este enunciado, en el módulo 9 observamos ciertas propuestas reduccionistas que ponen foco en determinadas variables a expensas de las demás. Este reduccionismo suele atentar contra un enfoque sistémico de la problemática estratégica.

En el resto de la primera sección incursionamos en las definiciones estratégicas (misión, visión, valores, objetivos y estrategias) y en otros conceptos generales relevantes.

En la segunda sección sobre el proceso de gestión estratégica, en los módulos 26 y 18 hacemos sendas descripciones generales de los procesos de planeamiento estratégico y de implementación de la estrategia. En el módulo 23 señalamos la distinción entre dos prototipos de planeamiento estratégico: el emergente y el deliberado, concluyendo que no son excluyentes, sino complementarios y sinérgicos. En otros módulos de la sección analizamos elementos específicos del proceso de planeamiento: el análisis estratégico, la formulación de objetivos, etcétera. Adicionalmente, tratamos la participación de los colaboradores en la gestión estratégica (módulo 22), los factores del éxito (módulo 25) y el rol de staff en dicha gestión (módulo 28).

Para ejercer debidamente la gestión estratégica, comenzando por el análisis estratégico, es necesario tener una comprensión apropiada de la organización, su entorno y su evolución en el tiempo. Por ello consideramos oportuno incluir la tercera sección, ilustrativa al respecto. En el módulo 30 presentamos nuestro modelo de análisis organizacional (MAO), que incluye lo que llamamos la "anatomía" de la organización (módulo 29) y su aplicación, no solo a la organización tomada en conjunto, sino también a un sector de la organización (módulo 31). Esta aplicación está ligada al concepto que destacamos más arriba en el sentido de que la estrategia es aplicable en distintos niveles de la organización. En el módulo 32 realizamos un análisis comparativo de diversos modelos, incluido el nuestro. En los módulos 33, 34 y 35, planteamos tres distintas maneras de enfocar los componentes de la organización, respectivamente:

- El negocio y su administración.
- El presente y el futuro.
- Los sistemas social y técnico.

En la cuarta sección sintetizamos cada uno de los múltiples modelos y herramientas que constituyen un menú de opciones a emplear en el proceso de planeamiento estratégico. Si el lector desea profundizar el contenido de cualquiera de ellos tiene el camino abierto para recurrir a la bibliografía respectiva.

En la quinta sección hacemos referencia a la relación entre la estrategia y otros elementos de la organización:

- Aspectos humanos, como los gerentes, su liderazgo y su estilo, así como también la cultura.
- La estructura y los diversos procesos de gestión.
- La innovación y la tecnología.

Índice de módulos

Relación entre los módulos

Los módulos están agrupados en cinco grandes categorías:

1. Conceptos fundamentales
2. Procesos de gestión estratégica
3. Análisis de la organización
4. Modelos y herramientas
5. Relación entre la estrategia y otros elementos.

Dentro de cada categoría, los módulos están ordenados alfabéticamente. Todos ellos están numerados siguiendo el orden correlativo que resulta del ordenamiento indicado (Ref. Índice de módulos).

Para navegar en los módulos, el lector tiene dos caminos principales:

- Ubicar en el índice el o los módulos que le interesan, incursionar directamente en ellos, y luego dirigirse discrecionalmente a cualquier otro módulo, tomando en cuenta las referencias que se indican en el acápite siguiente.
- En base al índice, elaborar un plan de navegación previo a incursionar en un módulo determinado. En este sentido, cabe tener en cuenta la secuencia de los módulos dentro de cada sección que figura en la introducción al libro, secuencia que es distinta del orden alfabético.

Referencia de un módulo a otro

Entre ciertos módulos existe una relación de lo general a lo particular. En el módulo abarcativo, en el punto pertinente, se hace referencia al módulo específico correspondiente, colocando entre paréntesis el número del módulo específico. A su vez, en este, al inicio de su texto, se hace referencia al módulo abarcativo que lo antecede.

Además de las relaciones de lo general a lo particular, existen muchas otras conexiones. En estos casos también en el punto pertinente de un módulo se hace referencia al otro módulo conectado.

Gestión estratégica

MÓDULOS

Alianzas estratégicas

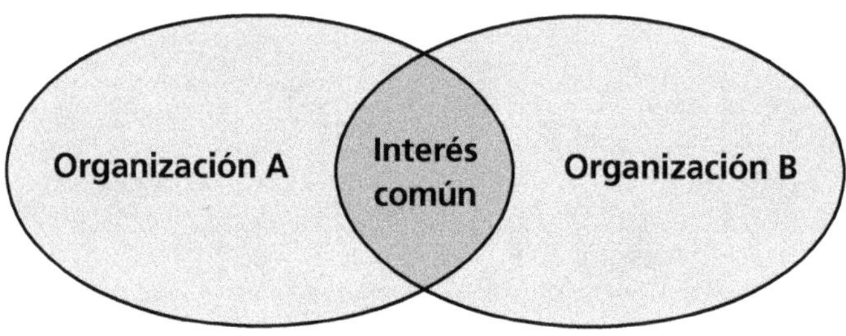

En la actualidad, las empresas afrontan cambios significativos en el contexto: en los factores macroeconómicos, en las características del ramo de actividad, en la tecnología, en las condiciones competitivas, en la globalización y liberalización de los mercados, en el acceso a los recursos, etc. Por ello, las organizaciones deben buscar modelos alternativos de desarrollo. Al respecto existen tres opciones principales:

- El crecimiento orgánico.
- La alianza estratégica entre dos o más organizaciones, que mantienen su identidad.
- Las fusiones y adquisiciones de empresas.

Una alianza estratégica es un acuerdo para alcanzar un conjunto de objetivos deseados por cada parte. Las alianzas crecen en número y en importancia. La razón de su crecimiento es que es mejor tener socios para competir. Se acabaron los tiempos en los que las empresas se fundaban, operaban y crecían con sus propios recursos financieros, humanos, tecnológicos y de mercado.

Una alianza estratégica puede tener múltiples motivos: acceso a ciertos recursos (tecnológicos, humanos, financieros, productos, mercados, canales de distribución, etc.), generar sinergias entre las capacidades de las respectivas organizaciones, encarar proyectos comunes que las organizaciones no podrían encarar por sí solas, etc.

En el planeamiento estratégico es importante tomar en cuenta la posibilidad y conveniencia de encarar una alianza estratégica; y, si se decide llevarla adelante, adoptar las medidas necesarias para implementarla debidamente, incluyendo la gestión estratégica de la relación consecuente.

Dado que es necesario establecer un ambiente propicio para el desarrollo de las actividades que se derivan de las alianzas estratégicas, generar confianza entre las partes es esencial. Con frecuencia, en las alianzas estratégicas se comparte información y recursos estratégicos codiciados por la competencia. En consecuencia, los socios deben

favorecer que se comparta la información y que se cumpla la lealtad a las partes de la alianza estratégica.

En conclusión, en materia de alianzas estratégicas, las partes deben ser conscientes tanto del contexto como de los socios con quienes entablan un acuerdo. Para poder llevar a cabo una alianza estratégica con éxito no solo es necesaria la predisposición de cada una de las partes hacia la construcción de valor compartido, sino que también es conveniente tener una visión clara del cliente a quien el valor creado va dirigido.

M 07 - pág

02

Capacidad estratégica

APLICABLE A. . .
La alta dirección
Otros niveles dentro de la organización

0 - pág. 41 En el módulo GESTIÓN ESTRATÉGICA Y GESTIÓN OPERATIVA adoptamos un concepto
2 - pág. 44 amplio de gestión estratégica. En línea con este concepto, en el módulo NIVELES – ESTRATEGIAS SECTORIALES propusimos la aplicación de la gestión estratégica en
2 - pág. 64 distintos niveles de la organización. En el módulo PARTICIPACIÓN EN LA GESTIÓN ESTRATÉGICA planteamos la conveniencia de la participación en los procesos de planeamiento estratégico deliberado. Lo dicho en los tres módulos citados significa que la capacidad estratégica no es una competencia requerida únicamente para la alta dirección; es importante también para niveles gerenciales siguientes, cada uno con el alcance inherente a su área de responsabilidad respectiva. Además, el desarrollo de la capacidad estratégica en un nivel determinado va preparando gradualmente al responsable para encarar debidamente funciones estratégicas de mayor envergadura correspondientes a niveles superiores que pueda asumir en el futuro.

Por otra parte, dicho concepto abarcativo implica que el gerente debe emplear su capacidad estratégica no solo para enriquecer su aporte individual, sino también como un atributo de liderazgo, dando participación a sus colaboradores en el proceso de planeamiento estratégico de su área de responsabilidad. Esta participación es un factor importante del desarrollo de la capacidad estratégica de los miembros de la organización.

Las organizaciones deben darle una atención a la capacidad estratégica que sea coherente con lo indicado en los párrafos precedentes, en su modelo de competencias, en los programas de capacitación y desarrollo, y en los encuentros, tanto formales como informales, entre el gerente y sus colaboradores. Esto último, por ejemplo, mediante reuniones de planeamiento estratégico deliberado.

3 - pág. 141 La capacidad estratégica entraña cierta predisposición en favor de la innovación, que demanda no solo creatividad, sino también asumir cierto riesgo o apertura a la experiencia, optimismo y tenacidad en el propósito, aspectos que tienen que ver con los rasgos de personalidad. Dicha predisposición puede basarse en atributos personales o en un liderazgo participativo que aprovecha los atributos de los colaboradores, o bien en una
4 - pág. 125 combinación de ambas cosas. En el módulo ESTILOS PERSONALES Y ESTRATEGIA avanzamos sobre este tema.

Podemos concebir a la estrategia como el proceso constante de adaptación de la empresa a su entorno para ser mejor que sus competidores en el segmento seleccionado de clientes. Ante una crisis, el entorno empresarial se torna más turbulento e incierto, y el nivel de cambios es más rápido e impredecible; asimismo, la tendencia de los cambios es negativa. La crisis añade mucha complejidad al proceso de planeamiento estratégico. En tiempos de crisis es ineludible que la empresa se replantee su estrategia. Quedarse quieto es muy riesgoso. Por ello, la estrategia se convierte en un ejercicio de reflexión permanente. En momentos de crisis, el proceso de decisión estratégica tenderá a ser emergente, porque es necesario adaptarse a una realidad muy cambiante. M 23 - pág

En estos casos, es mucho más importante conocer y comprender los conceptos estratégicos claves que afectan a la empresa y sus interrelaciones. Estos modelos sirven como esquemas mentales, más que como guías de un proceso de reflexión muy detallado. El modelo mental nos ayuda a ver a través de la gran complejidad del entorno, identificando rápidamente las variables claves y lo esencial sobre lo que tenemos que decidir. En su libro *Pensar estratégicamente* (Deusto, 2010), Xavier Gimbert expresa que en épocas de crisis "un equipo directivo unido, cohesionando a toda la organización, haciendo fluir la información y el conocimiento por todas las capas y áreas de la empresa, aprendiendo todos de todos, trabajando con pasión y contagiando esas cualidades a cada uno de los colaboradores es prácticamente imbatible".

Pero también en las épocas de crisis suelen aparecer oportunidades. Las innovaciones radicales tienen lugar cuando la tensión ha alcanzado su punto máximo y los recursos son especialmente limitados; es entonces cuando las personas están mucho más abiertas a replantearse el modo fundamental en el que hacen negocios. Varios autores destacan la idea de crisis como una gran oportunidad, siempre que se reaccione, siempre que se piense estratégicamente. Sin duda, la empresa debe replantearse lo que hace.

04 Compitiendo por el futuro (Hamel-Prahalad)

Gary Hamel y C. K. Prahalad plantearon en su libro *Compitiendo por el futuro* (2001) la estrategia que debe seguir una organización con el objetivo de crear los mercados del mañana. La empresa debe reinventarse teniendo presente la acción a largo plazo. Entienden que la mejor ventaja competitiva de una empresa es su visión de futuro, buscando en su ADN aquello que pueda hacer mejor que sus competidores y que sea difícil de imitar. La consideración del entorno cambiante obliga a considerar que los factores de éxito presentes deberán ser adaptados e incluso cambiados con el fin de mantenerse en el mercado.

Para crear un futuro exitoso, no basta con ser más ágil y eficiente. Hay que reinventar la industria mediante la regeneración de su estrategia. Las empresas que han transformado su industria son aquellas que cambian las reglas de juego, redibujan las fronteras de la industria o crean nuevas industrias.

Para regenerarse, una empresa debe formularse preguntas tales como: ¿Quiénes serán nuestros clientes en cinco años? ¿Quiénes serán nuestros competidores? ¿Qué habilidades necesitamos? Las respuestas a estas preguntas pueden ser muy distintas a lo que se observe en la actualidad. Para imaginar y crear el futuro es necesario des-aprender el pasado, desarrollar la visión de futuro, crear una arquitectura estratégica que ayude a identificar las competencias centrales necesarias para ser el líder, crear objetivos que inspiren y actuar antes que los competidores.

En el futuro la competencia será una pelea por la cuota de oportunidad, no la cuota del mercado. El objetivo es maximizar la cantidad de negocios que cada empresa puede perseguir dentro de un amplio y poco estructurado rango de oportunidades en las cuales las reglas aún no se han escrito. Las empresas deben preguntarse: con nuestras competencias actuales, ¿qué porción de las oportunidades futuras podemos capturar? ¿Para cuáles oportunidades estamos bien posicionados (o somos los únicos posicionados)? ¿Qué habilidades nuevas necesitamos?

Es común que las empresas identifiquen cursos de acción para satisfacer a sus clientes; pero para construir el futuro deben ir más allá. Generalmente es imposible conocer

de antemano las características que desearán los clientes en el futuro, ni los precios que estarán dispuestos a pagar, ni los canales a través de los cuales comprarán.

Para llegar antes que los competidores, la empresa necesitará la energía emocional e intelectual de cada empleado. Las definiciones estratégicas animan y energizan a la empresa. Esto hace que ciertas empresas pequeñas puedan ganarles a empresas más grandes con muchos recursos.

El futuro no solo debe ser imaginado, debe ser construido. La arquitectura estratégica es un plano de alto nivel de los puntos de vista de la empresa. Identifica las habilidades que deben construirse, identifica qué debería hacer la empresa ahora para lograr sus objetivos en el futuro.

Las competencias centrales son el conjunto de habilidades y tecnologías que le permiten a una empresa ofrecer un beneficio determinado a sus clientes. La empresa debe concentrarse en crear y mejorar el beneficio que ofrece a sus clientes, en lugar de comprometerse con un producto o mercado específico. Una competencia puede ser posteriormente explotada en muchas formas creativas. Para que una competencia sea considerada "central", debe contribuir significativamente al valor que percibe el cliente, debe ser competitivamente única, y debe poder imaginar una gama de nuevos productos basados en la competencia. El valor de las competencias cambia con el tiempo: las competencias de ayer pueden ser una habilidad común hoy. Es por ello que hay que concentrarse en las competencias que tendrán valor en el futuro.

M 61 - pág

Cuestiones estratégicas

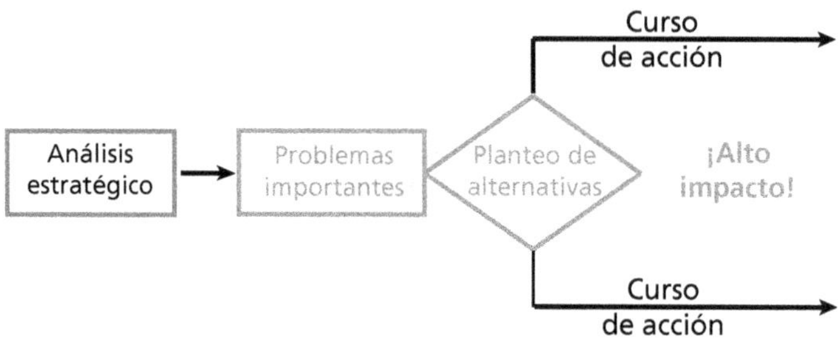

Una "cuestión" significa el planteo de alternativas de objetivos a fijar o cursos de acción a seguir; es la antesala de la decisión, no la decisión en sí. Tal planteo implica la existencia de un problema, en el sentido amplio de la palabra: brecha entre una situación actual o proyectada y un objetivo. Se entiende por situación proyectada aquella que puede llegar a ocurrir, independientemente del objetivo. Dentro de los problemas, cabe distinguir:

1. El problema "negativo", cuando la situación actual no satisface el objetivo prefijado.

2. El problema "potencial", cuando la situación proyectada puede ser insatisfactoria.

3. El problema "de implementación", cuando ya se ha fijado un objetivo, y no necesariamente se observa un problema negativo o potencial, pero es preciso definir cómo se va a concretar dicho objetivo.

4. El "aprovechamiento de oportunidades", cuando a partir de un objetivo general (explícito o implícito), y generalmente a raíz de nueva información, se plantea la posibilidad de desarrollar nuevos objetivos. En este caso, de todos modos, se genera una brecha entre la situación actual o proyectada y el objetivo, lo cual equivale a un problema.

Cabe aclarar que en la problemática real dicha tipología no se da en forma pura. Suele ocurrir que se combinen o mezclen dos o más tipos de problemas. Sin embargo, la clasificación indicada es válida y útil a los fines metodológicos.

Una cuestión se considera "estratégica clave" cuando la decisión a tomar es de alto impacto para la organización; o sea, que habrá de afectar significativamente sus resultados o su desarrollo.

El concepto de cuestión estratégica clave es muy útil en el planeamiento estratégico para "marcar la cancha". La formulación de objetivos y estrategias debe

concentrarse en responder a tales cuestiones, y no perder el tiempo en cuestiones menores.

Las cuestiones estratégicas claves pueden referirse a los siguientes aspectos de la organización:

- Sus *objetivos* de máximo nivel en cuanto al logro de los resultados: crecimiento, rentabilidad, flujo de fondos, etcétera.
- Su *output*, o sea el producto (bienes tangibles o servicios) que la organización entrega a sus clientes o usuarios, así como también las demás definiciones inherentes al *output* (en la medida aplicable, dependiendo de la unidad de que se trate): mercado, tipo de clientes y tipo de necesidades, cómo encarar la competencia, etcétera.
- Su *input*, vale decir, la obtención y utilización de recursos fundamentales: humanos, financieros, tecnológicos, etcétera.
- *Cambios organizacionales* que modifiquen sustancialmente la estructura, los procesos gerenciales u operativos, los sistemas de información, el estilo de liderazgo predominante, la cultura organizacional, etcétera. M 57 - pág

Las cuestiones estratégicas claves surgen del análisis estratégico: el interno y el externo. M 17 - pág El primero se suele resumir en términos de fuerzas y debilidades; el segundo, en oportunidades y amenazas. La identificación de las cuestiones estratégicas claves se orienta al aprovechamiento de las fortalezas y oportunidades, a la superación de las debilidades y a la cobertura contra las amenazas.

El concepto de cuestión estratégica clave es aplicable no solo con respecto a la organización tomada en conjunto, sino también con respecto a un sector de la organización, en línea con lo que decimos en el módulo NIVELES – ESTRATEGIAS SECTORIALES. M 12 - pág De esta manera cada uno de los sectores habrá de identificar cuestiones estratégicas propias, que en principio pueden ser adicionales o diferenciales respecto de las identificadas por la organización tomada en conjunto.

Definiciones estratégicas

ulo
cedente

9 - pág. 77

En el módulo ANATOMÍA DE LA ORGANIZACIÓN establecimos que ella abarca la organización en sí (el sistema), su entorno (el macrosistema), y su evolución en el tiempo. En este marco, la esencia de la estrategia de la organización consiste en definir:

- Su razón de ser ("qué somos"); o sea, el posicionamiento de la organización de cara a su entorno, el ensamble del sistema con el macrosistema.
- La visión de la organización en el futuro ("adónde vamos").

La estrategia de la organización suele incluir:

6 - pág. 32

- La definición de un marco general, que acostumbra expresarse en términos de "visión", "misión" y "valores".
- La formulación específica de "objetivos" y "estrategias".

A continuación intentaremos cierta definición de dichos elementos, en línea con la tendencia general al respecto.

La *visión* se refiere a una situación futura y deseable, que se aspira a lograr en un horizonte más bien lejano, aunque no necesariamente esté claro el camino para ello. La idea es que la visión, o mejor dicho la visión compartida, opere como un factor poderoso de motivación para los miembros de la organización. La visión puede contener cualquier tipo de ingrediente; puede referirse a aspectos clasificables como misión, valores, objetivos, metas o estrategias, en los términos que se refieren a continuación.

La *misión* consiste en una síntesis de la naturaleza del negocio. A grandes rasgos: en qué mercado opera la organización, a qué clientes apunta, qué necesidades de los clientes pretende satisfacer, qué clase de productos ofrece, qué propiedades esenciales tienen estos productos, etcétera.

Los *valores* comprenden pautas de conducta; son principios fundamentales que guían el comportamiento de la organización, como la búsqueda de la excelencia, el cumplimiento de las disposiciones legales, el respeto humano, etcétera.

Los *objetivos* expresan el nivel de aspiración en cuanto al desempeño. Son resultados o atributos a lograr: rentabilidad, flujo de fondos, crecimiento, participación en el mercado, satisfacción de clientes, etcétera. Los objetivos pueden ser:

- Específicos, vale decir mensurados (en función de un cálculo predeterminado) y acotados en el tiempo. A estos objetivos se los suele llamar "metas". M 21 - pág
- No específicos, que no reúnen las condiciones anteriormente descriptas.

La idea es convertir los objetivos no específicos en específicos o metas. Si esto no ocurre, los objetivos pueden representar valores; o sea, pautas de conducta.

Las *estrategias* (en plural) son los cursos de acción elegidos a fin de lograr los objetivos.

07 Estrategia del océano azul

Estrategia del océano rojo	Estrategia del océano azul
Competir en mercados ya existentes	Crear nuevos espacios de mercado
Vencer a la competencia	Volver irrelevante a la competencia
Explotar la demanda ya existente	Crear y capturar nueva demanda
Escoger entre costo y diferenciación	Procurar un mejor costo y una mayor diferenciación

La estrategia del océano azul fue formulada por W. Chan Kim y Renée Mauborgne en un libro del mismo nombre (*Blue Ocean Strategy*), en el que defienden la importancia de la innovación a la hora de abrir nuevos mercados, alejándose de la competencia destructiva que existe en los terrenos empresariales más explotados. En otras palabras, plantean la posibilidad de crear una estrategia ganadora basándose en la "no competencia", algo que solo es posible explorando nuevos territorios, que simbolizan con un océano azul, contrario al rojo, que representa la lucha encarnizada entre las empresas.

El océano rojo

Si el barco de nuestra empresa navegara en un océano donde se desarrollan continuos combates para conseguir la mejor pesca, diríamos (por esa circunstancia) que se trata de un océano rojo. Es un espacio peligroso pero conocido, donde tratamos de arañar la cuota de mercado de los demás y generalmente tendremos que competir en base a precios. ¿Crear valor añadido o luchar en el terreno de los costos? Las reglas del juego son conocidas por aquellos que se encuentran en un océano rojo, e incluso se conocen los niveles estimados de demanda que se manejan. Las oportunidades de lograr una estrategia ganadora disminuyen según aumenta el número de competidores y los esfuerzos comerciales se encaminan a remarcar las diferencias respecto del resto de las alternativas. Aun así, los negocios suelen proliferar en torno a mercados y productos ya conocidos, pues aunque a la larga se condenan a una guerra caníbal, se suponen menos riesgos.

El océano azul

Más allá del océano rojo se abre un nuevo horizonte, donde las aguas aún son azules y las oportunidades son totalmente nuevas. Los peces saltan sobre las olas y nuestro barco abre las velas de la innovación, pues es la única forma de llegar. Aquí la competencia carecerá de importancia, pues habremos creado un mercado único y particular, rompiendo las reglas y creando una nueva demanda. Los autores ponen como ejemplo al *Cirque du Soleil*, que innovó en una fórmula tan aparentemente quemada como los circos y creó un nuevo tipo de demanda, que hizo que los competidores fueran irrelevantes. Encontrar nuevos espacios en el mercado se basa en innovar sobre el valor. Es decir, no incrementar las propiedades de lo ya conocido, sino crear un valor totalmente nuevo, aunando costos, utilidad y precios.

Principios de la estrategia del océano azul

La estrategia se sustenta sobre seis principios básicos que debemos conocer a fin de reducir los riesgos inherentes a ella, y que son propios de toda innovación:

- Reconstruir las fronteras del mercado: analizar las industrias alternativas, los grupos estratégicos dentro de ellas, la cadena de compradores, las ofertas complementarias de productos y servicios, el atractivo funcional o emocional para los compradores y la dimensión tiempo.
- Desarrollar el potencial creativo de la organización buscando nuevas oportunidades de negocio.
- Explorar más allá de la demanda existente.
- Crear una secuencia estratégica: analizar el precio, el costo, la adopción del producto y su utilidad desde la perspectiva del consumidor.
- Superar los obstáculos: examinar los problemas que conllevará la ejecución de la estrategia y ver la forma de sortearlos.
- Ejecutar: incorporar la ejecución a la estrategia. Tratando de desarrollar un proceso con reconocimiento intelectual y emocional, confianza y compromiso, cooperación voluntaria con la ejecución de la estrategia.

Aunque esta estrategia es muy interesante de analizar, su aplicación representa un riesgo tan grande como el que asumían los grandes pioneros que navegaban hacia el horizonte en búsqueda de nuevos continentes. Podemos naufragar en terreno de nadie, por lo que es importante considerar estos principios.

Por otro lado, las aguas azules pueden ir tornándose rojas con el paso del tiempo, pues el resto de las empresas pueden sentirse muy atraídas por las nuevas oportunidades de mercado que hemos abierto. El primero que golpea lo hará dos veces, pero no podemos dormirnos en los laureles. Aun así, los premios que se pueden obtener de una buena estrategia son lo suficientemente jugosos como para al menos considerar esta posibilidad que va algo más allá de una estrategia de nichos de mercado.

Estrategias genéricas según Porter

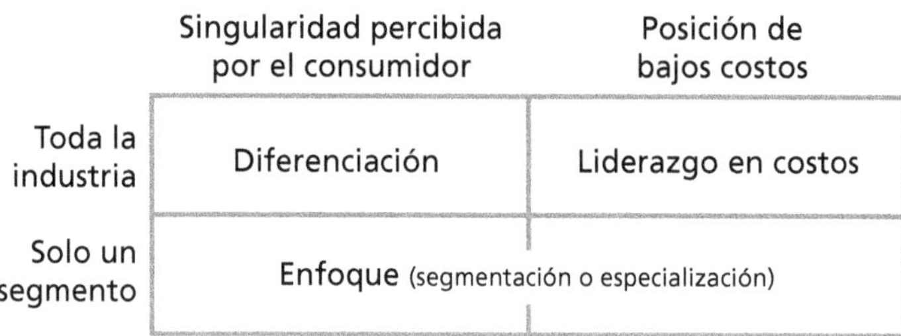

	Singularidad percibida por el consumidor	Posición de bajos costos
Toda la industria	Diferenciación	Liderazgo en costos
Solo un segmento	Enfoque (segmentación o especialización)	

Michael Porter plantea en su libro *Estrategia competitiva* que hay dos tipos básicos de ventajas competitivas que puede poseer una empresa: costos bajos o diferenciación. Estos dos tipos básicos, combinados con el objetivo de mercado, nos llevan a tres estrategias genéricas: liderazgo de costos, diferenciación, y segmentación o enfoque.

La elección de la estrategia genérica no es libre para cada empresa. Cada estrategia requiere un conjunto de competencias específicas que le permitan a la empresa ser exitosa en la estrategia seleccionada.

Liderazgo en costos

La empresa se propone ser el proveedor de menor costo de un producto o servicio. Normalmente vende un producto estándar, o un "producto sin adornos". Cuando nos referimos a costo, se trata del costo total de la empresa, incluyendo los costos de producción, comercialización, distribución, innovación, administración, etc. Las - pág. 100 economías de escala, los beneficios de la curva de experiencia, una tasa alta de utilización de la capacidad instalada, un uso intenso de la tecnología y una cultura de control de costos son requisitos importantes para lograr el éxito en esta estrategia. La empresa que busca el liderazgo en costos reconfigura permanentemente las actividades y procesos de su cadena de valor para optimizar el costo total.

Diferenciación

La empresa busca que su producto sea percibido como único. Selecciona uno o más atributos que muchos compradores perciben como importantes y trata de satisfacer esas necesidades. Si lo logra, será recompensada por un precio superior. La diferenciación puede surgir en cualquier lugar de la cadena de valor: características del producto, calidad de los insumos, servicios proporcionados alrededor del producto, servicio post-venta, personalización de la relación, tiempos de respuesta, etc.

Naturalmente la diferenciación tiene sus costos y la empresa debe buscar que el diferencial de precio obtenido sea superior al costo de diferenciarse.

Para ser exitosa en la estrategia de diferenciación la empresa requiere un gran conocimiento de las necesidades de sus clientes, flexibilidad, vocación de servicio, innovación en el producto, y habilidades de comunicación de esa diferencia a los clientes actuales y potenciales.

Segmentación o enfoque

Es una estrategia diferente a las anteriores. La empresa elige un segmento para competir. Al enfocarse puede ser el líder de costos para ese segmento, o ser una empresa netamente diferenciada para el segmento seleccionado. Se requiere un gran conocimiento de ese segmento y sus requerimientos. Es conocida la segmentación que existe en el mercado de los automóviles. Existen marcas exclusivas para clientes de alto poder adquisitivo y también marcas orientadas a clientes de bajo poder adquisitivo.

Atrapados a la mitad

Una empresa que se embarca en una estrategia genérica, y no logra definir características competitivas de costo o diferenciación, está "atrapada a la mitad". Competirá con desventaja: no tiene mejores costos, ni se diferencia lo suficiente. Perderá con las empresas que logran el bajo costo y con las empresas que logran la diferenciación.

09 Enfoque de la estrategia – Reduccionismo

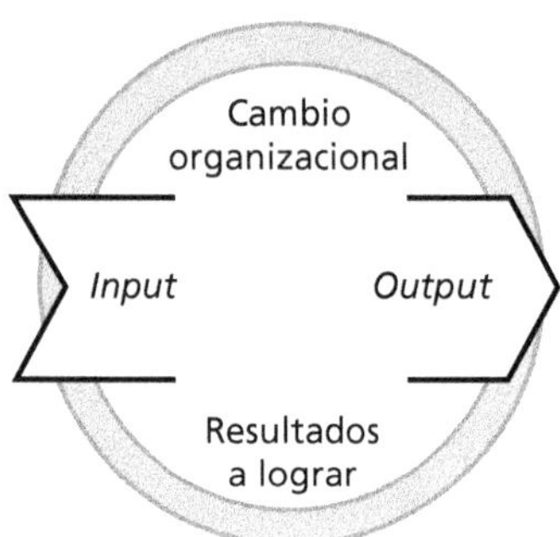

Cuando en una determinada disciplina el análisis de la problemática comprende demasiadas variables y se torna muy complejo, los especialistas tienden a un cierto reduccionismo poniendo foco en determinadas variables a expensas de las demás. Este reduccionismo suele atentar contra el enfoque sistémico de la problemática. En los párrafos siguientes analizaremos su aplicación al planeamiento estratégico.

5 - pág. 30

En el módulo CUESTIONES ESTRATÉGICAS CLAVES definimos que lo estratégico se refiere a las decisiones de más alto nivel, que pueden comprender los siguientes aspectos de la organización:

A. Sus objetivos de máximo nivel.

B. Las alternativas fundamentales del *output*.

C. Las alternativas fundamentales del *input*.

D. Cambios organizacionales de alto impacto.

A continuación nos basaremos en la obra *Strategy,* de Stuart Crainer y Des Dearlove (McGraw-Hill, 2014), de la colección *Thinkers 50*, que incluye una reseña de las principales corrientes de pensamiento acerca de la estrategia de las organizaciones. Convencionalmente, trataremos de alinear dichas corrientes con los "contenidos" A, B, C y D identificados en las viñetas precedentes.

- Alfred Chandler (1918-2007) definió la estrategia como *la determinación de las metas y objetivos a largo plazo de una empresa, y la adopción de cursos de acción y la asignación de los recursos necesarios para lograr esas metas*(*). Vale decir que Chandler, partiendo del contenido A, abre la puerta para los otros tres contenidos. Pero cabe destacar que reduce el contenido A a los objetivos de largo plazo.

(*) Traducción libre de un fragmento del libro referido.

- La definición de Chandler está bastante en línea con la práctica de las compañías multinacionales después de la Segunda Guerra Mundial, cuya estrategia consistió fundamentalmente en proyecciones cuantitativas de largo plazo, generalmente partiendo del supuesto de fuerte crecimiento, favorecido por la expansión geográfica.
- Igor Ansoff, que en 1965 publicó un libro fundamental, *Corporate Strategy*, concentró el foco en el contenido B: *El producto final de las decisiones estratégicas es decepcionantemente simple; la empresa selecciona una combinación de productos y mercados*(*). M 48 - pág
- Michael Porter resaltó el concepto de posicionamiento competitivo profundizando el contenido B. En sus obras *Estrategia competitiva* y *Ventaja competitiva* desarrolló dos modelos fundamentales: el de las cinco fuerzas que mueven la competencia en un sector industrial (competidores, nuevos ingresos, proveedores, compradores y sustitutos) y el de las tres estrategias genéricas (diferenciación, liderazgo en costos y enfoque). En el segundo libro Porter agregó un tercer modelo, el de la cadena de valor, que apunta a identificar las fuentes de la ventaja competitiva; o sea, que refuerza el contenido B. Sin embargo, la cadena de valor configura una herramienta de análisis que sirve de plataforma para replantear la asignación de recursos y encarar el cambio organizacional; o sea, que avanza sobre los contenidos C y D. M 43 - pág M 04 - pág M 39 - pág
- No obstante, les correspondió a C.K. Prahalad y Gary Hamel *formular y popularizar un punto de vista basado en los recursos. El posicionamiento estratégico es inadecuado,* argumentaron Prahalad y Hamel. *La ventaja competitiva viene de adentro, no de un análisis detallado de los mercados... Lo verdaderamente importante,* dijeron ellos, *son las competencias esenciales de la empresa (company's core competencies). Todas las empresas tienen sus competencias esenciales. Es justamente una cuestión de identificar exactamente dónde radican esas competencias y entonces construirlas y utilizarlas para obtener la mejor ventaja.* Vale decir que dichos autores hacen hincapié en el contenido C. M 61 - pág
- W. Chan Kim y Renée Mauborgne, en su obra *La estrategia del océano azul,* destacan la conveniencia de incursionar en áreas de mercado no explotadas, más que en fortalecer la estrategia competitiva en áreas ya explotadas. *El éxito duradero en los negocios no proviene de la lucha contra los competidores, porque cuando los rivales pelean reduciendo ganancias, la competencia asesina redunda en un océano rojo ensangrentado. El éxito radica en crear océanos azules: nuevos espacios de mercado con alto potencial de crecimiento*(*). Esto implica un desplazamiento del foco, dentro del contenido B. M 07 - pág
- Varios autores, citados por Crainer y Des Dearlove, incluidos Kim y Mauborgne, enfatizan la importancia de la innovación, lo cual da lugar para cualquiera de los contenidos B, C y D. M 65 - pág

(*) Traducción libre de un fragmento del libro referido.

En nuestra opinión, las ideas reseñadas precedentemente, y muchas otras que no mencionamos en aras de la brevedad, responden a la inclinación señalada al principio: cuando en una determinada disciplina el análisis de la problemática comprende demasiadas variables y se torna muy complejo, los especialistas tienden a un cierto reduccionismo, haciendo foco en determinadas variables a expensas de las demás. Claro está que ciertos reduccionismos pueden juzgarse como más válidos que otros.

Existen varias causas posibles del reduccionismo excesivo:

- Una es que el ser humano, en general, prefiere más la simplicidad que la complejidad. Aquí me viene a la memoria lo dicho por H.L. Mencken (autor de *Prontuario de la estupidez y los prejuicios humanos*, Ediciones Granica, 1972): *para cada problema complejo hay una respuesta sencilla… y equivocada* –citado por Fernando Savater en *La vida eterna* (Ariel, 2007, página 74)–.

- Otra es el afán del autor de diferenciarse, de resaltar su aporte, en detrimento del aporte de los demás. En algunos casos esto es una cuestión de marketing.

En el planeamiento estratégico, una de las maneras de evitar los peligros del reduccionismo es, en el plano conceptual, estar abierto a los diversos enfoques que ofrecen las distintas teorías, o al menos los más valiosos, pero en el caso concreto de la organización objeto de planeamiento, otra opción es orientar el foco a los factores verdaderamente significativos que juegan en ella. Tal orientación se puede lograr por
7 - pág. 53
medio del proceso siguiente. Sobre la base del análisis estratégico externo e interno,
5 - pág. 30
identificar y priorizar las "cuestiones estratégicas claves" que implican el planteo de alternativas de cursos de acción de alto impacto en la organización, planteo que es previo a la elección del curso de acción a seguir (la decisión). Este acuerdo permite concentrar el proceso de formulación de objetivos y estrategias en los aspectos verdaderamente prioritarios, inherentes a la estrategia propiamente dicha, y no distraerse con cuestiones que no son prioritarias desde el punto de vista estratégico. Las alternativas pueden implicar la opción entre conceptos opuestos, del tipo "blanco o negro", o bien cuestiones de grado, del tipo "mucho o poco". Dichas cuestiones pueden corresponder a cualquiera de los contenidos indicados más arriba en A, B, C y D. La naturaleza de las cuestiones identificadas y priorizadas determina las relaciones entre ellas y consecuentemente la secuencia lógica para abordarlas, así como también la manera de hacerlo y la disposición de la información necesaria para ello. Recién después de cubierta esta etapa intermedia corresponde examinar, en el orden pertinente, cada una de las cuestiones prioritarias, con el propósito de definir los objetivos y estrategias convenientes.

Gestión estratégica y gestión operativa

GESTIÓN ESTRATÉGICA	
Decisiones de máximo nivel	Pensamiento
Mayor horizonte de tiempo	Planeamiento
Enlaces esenciales con el entorno	Implementación
GESTIÓN OPERATIVA	

Dada una estrategia, se entiende que lo operativo corresponde a los medios que resultan necesarios para lograr los fines estratégicos. Sin embargo, cabe discurrir acerca de dónde termina lo estratégico y dónde comienza lo operativo, dentro de una cadena de medios-fines. Esto es importante para distinguir el planeamiento estratégico del planeamiento y control de las operaciones. La distinción siempre tiene algo de convencional, en mayor o menor grado. Pero es válido establecer una primera pauta: *lo estratégico se refiere a las decisiones de más alto nivel.* Esta característica entraña, además, un mayor horizonte de tiempo y la definición de los enlaces esenciales con el entorno, que comentamos en los dos párrafos siguientes. M 38 - pág

Normalmente, una decisión estratégica, debido a su trascendencia, tiende a producir efectos significativos a mediano o largo plazo. Sin embargo, esa decisión puede referirse a un problema o desafío de corto plazo. La esencia de lo estratégico es el nivel de la decisión, no el plazo.

Por otra parte, las decisiones estratégicas implican enlaces esenciales con elementos del entorno: los objetivos de máximo nivel con los propietarios, el *output* de la operación con los clientes, el mercado y la competencia, y el *input* de la operación con las fuentes proveedoras de los recursos. A esto se agregan los cambios organizacionales de alto impacto. Justamente, las cuestiones estratégicas claves se refieren a estos cuatro aspectos. M 05 - pág

La gestión estratégica comprende el pensamiento estratégico, el planeamiento estratégico y la implementación de la estrategia. M 23 - pág
M 18 - pág

El pensamiento estratégico implica estar siempre atento a lo que ocurre en el entorno o en la organización, más allá de los procesos formales de planeamiento estratégico, a fin de identificar cuestiones estratégicas y proceder en consecuencia. Es la predisposición permanente al planeamiento estratégico emergente.

El planeamiento estratégico es el proceso por el cual la dirección de la unidad elabora o revisa su estrategia. En el caso de que la unidad sea una parte de la organización,

/12 - págs. 43/44 este proceso debe ser coherente con las decisiones estratégicas establecidas a nivel superior, para la organización tomada en conjunto. Por ejemplo, en una corporación compuesta por varias unidades de negocio, los objetivos de estas unidades deben alinearse con los objetivos de la corporación. El planeamiento estratégico se diferencia del planeamiento operativo, que corresponde a decisiones de menor nivel, generalmente a más corto plazo, que suelen tener un alcance más puntual.

La implementación de la estrategia comprende la adopción de múltiples medidas en las demás áreas de gestión: la operativa, la del desempeño, la del riesgo, la de los proyectos y la del cambio, así como también en materia de comunicación y de liderazgo, medidas que son necesarias para asegurar que las decisiones estratégicas sean acompañadas por todas las acciones correspondientes.

9 - pág. 135 La gestión operativa, que debe estar alineada con la estrategia, entraña el planeamiento y control de las operaciones, que también suele denominarse "planeamiento y control de gestión". Nosotros preferimos aquel rótulo, porque refleja más claramente el objeto del planeamiento y control.

El planeamiento y control de las operaciones se nutre de la llamada gestión (o administración o dirección) por objetivos (o por resultados): para ciertos puestos de la
- pág. 62 estructura organizativa se definen objetivos específicos en términos de resultados a lograr, coherentes con los objetivos de superiores y pares; o sea, alineados con la estrategia de la organización. Para especificar un objetivo es necesario basarse en un
3 - pág. 141 indicador de desempeño; por ejemplo, un objetivo de rentabilidad podría ser el 12% en función de un indicador de retorno sobre la inversión (una forma de computarlo es tomar la ganancia neta del período dividida por el patrimonio neto al inicio del período). La fijación de objetivos influye sobre la motivación de las personas, actúa como parámetro en el control de los resultados y, unida a este control, sirve de referencia para la evaluación y las recompensas. También puede ser útil para otras funciones de la gestión de los recursos humanos, como la identificación de necesidades de capacitación.

En sustancia, el control presupuestario forma parte de la administración por objetivos; se concentra en aquellos objetivos expresados en partidas de los estados contables (definiendo al presupuesto como estados contables proyectados).

Niveles de la estrategia

1 "Corporación"		
2 "Unidad de negocio"		
3 4 Etc.	Según la organización, baja por...	línea de productos, área geográfica, función etc.

Una organización puede comprender una o más *unidades estratégicas de negocios* (UEN). Una UEN opera con una misión específica en un mercado específico. A grandes rasgos se diferencia de otras UEN en los siguientes aspectos: productos (bienes tangibles y servicios), clientes y sus necesidades, y competencia.

Si la organización tiene más de una UEN, se acostumbra distinguir:

- La estrategia de la organización tomada en conjunto, que suele denominarse "estrategia corporativa". Se orienta principalmente a la asignación de recursos entre las UEN (llamada "estrategia de portafolio") y a potenciar la sinergia entre ellas.
- La estrategia de cada UEN, cuyo corazón es la "estrategia competitiva", referente a la elección de sus mercados, clientes y productos, y a cómo desarrollar ventajas competitivas.

Además, cabe considerar las "estrategias sectoriales", que versan acerca de cómo los distintos sectores de la organización (funciones, regiones, líneas de productos, etcétera) se alinean para llevar a cabo las estrategias de nivel superior.

Niveles – Estrategias sectoriales

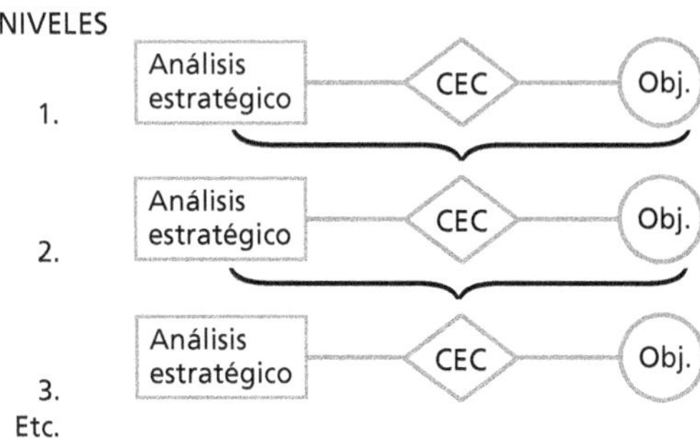

Respecto de la estrategia cabe aplicar el modelo de sistemas. Este modelo implica la posibilidad de múltiples enfoques acerca del objeto de análisis. Por ejemplo, cabe encarar la totalidad de una organización como un sistema, en cuyo caso su entorno es el macrosistema. Pero también puede verse a una unidad de negocios como un sistema, y entonces todo el resto (no solo el entorno de la organización, sino también las otras unidades de negocios) pasa a formar parte del macrosistema. Y así sucesivamente, cualquier sector de la organización y de una unidad de negocios es enfocable como un sistema.

En general, el concepto de estrategia se emplea usualmente con referencia a toda la organización (corporación, empresa, etcétera) o a una unidad de negocios. Pero el proceso de planeamiento estratégico, que parte del análisis estratégico, no es aplicable exclusivamente a una organización o unidad de negocios. Según el modelo de sistemas, cualquier clase de unidad puede hacer planeamiento estratégico, ya sea un sector de la organización, un grupo de trabajo, un individuo, etcétera.

7 - pág. 53

Lo que ocurre es que para la organización el análisis estratégico es la base fundamental de sus definiciones estratégicas, mientras que para un sector de la organización una porción importante de sus definiciones estratégicas ya le viene dada por decantación del planeamiento elaborado a un nivel superior. Sin embargo, esto no impide que el sector haga su propio análisis estratégico, que en función de este identifique sus cuestiones estratégicas claves (CEC), y que estas a su vez orienten la definición de sus objetivos y estrategias. Incluso puede ocurrir que las conclusiones del sector influyan sobre las definiciones estratégicas hechas a un nivel superior; por ejemplo, cuando la escasez de recursos del sector impide implementar una estrategia decidida previamente en el nivel superior. Vale decir que cualquier sector de la organización, para establecer sus objetivos y estrategias, cuenta con dos fuentes fundamentales de información:

- Los lineamientos que provienen del nivel superior, así como también de las necesidades de otros sectores. A esto podemos llamarlo integración horizontal y vertical.
- El propio análisis estratégico correspondiente al sector.

En síntesis, el planeamiento estratégico pretende concentrarse en los fines y en las cuestiones más salientes de los medios, en tanto que "le deja" al planeamiento operativo el resto del trabajo de planeamiento, incluyendo "el detalle" de los medios. Pero si no se aclara de qué sistema se está hablando (o sea, cuál es el objeto del planeamiento) se carece de un marco de referencia; la relatividad mencionada diluye la distinción entre fines y medios. Y entonces se esfuma el corte entre lo estratégico y lo operativo.

En el módulo sobre CUESTIONES ESTRATÉGICAS CLAVES señalamos que ellas pueden referirse a los siguientes aspectos de la organización: M 05 - pág

- Sus *objetivos* de máximo nivel.
- Su *output*, que incluye el producto que la organización entrega a sus clientes.
- Su *input*; vale decir, la obtención y utilización de recursos fundamentales.
- *Cambios organizacionales* importantes.

Ahora bien, estos cuatro tipos de cuestiones son aplicables no solo a una organización tomada en conjunto o a una unidad de negocio, sino también a un sector de la organización. En efecto, la problemática del sector incluye sus propios objetivos de máximo nivel, la entrega de sus productos a clientes externos o internos, alternativas relevantes con respecto a la obtención y utilización de recursos, y la posibilidad de cambios organizacionales importantes para el sector.

Dicho planeamiento estratégico sectorial es especialmente aplicable en las áreas funcionales, tanto las correspondientes a los procesos operativos primarios (logística, producción, prestación de servicios y comercialización) como en las de apoyo (administración y finanzas, recursos humanos, informática, etcétera).

Los párrafos precedentes muestran que, en sentido estricto, la diferencia entre planeamiento estratégico y planeamiento operativo es completamente ambigua si no se la refiere a un sistema determinado. Una misma cuestión bien puede pertenecer al campo del planeamiento operativo de un sistema, pero ser inherente al planeamiento estratégico de un sistema menor, integrante de aquel. Por ejemplo, un programa de reclutamiento de personal (derivado de cierta estrategia clave en materia de recursos humanos) es ubicable dentro del planeamiento operativo de la organización. Pero para el departamento responsable del reclutamiento ese mismo programa implica un análisis estratégico y definiciones estratégicas. M 10 - pág

Núcleo estratégico

Xavier Gimbert, en su artículo "El núcleo estratégico como modelo de gestión ante la complejidad" (*Harvard Deusto Business Review*, 2009), hace hincapié en el enfoque del núcleo estratégico que resume lo esencial de la estrategia de la empresa reduciéndola a un marco (la misión) y cuatro conceptos interrelacionados entre sí.

El núcleo estratégico está formado por:

- pág. 32

- La misión de la empresa; es esencial tener claro a qué se dedica la empresa, cuál es su negocio y qué necesidades satisface. Normalmente aparece la necesidad de tener una ventaja competitiva, ser mejor que los competidores en algún aspecto.
- Los segmentos de mercado a los que se dirige la empresa, lo cual implica definir quién es el cliente, qué valora, por qué le compra a esa empresa.
- Las dimensiones estratégicas, en línea con la propuesta de valor a los clientes de los segmentos seleccionados (si la empresa se enfocará en productos de alta calidad, o si se enfocará en el bajo costo).

- pág. 146

- Las actividades claves de la empresa, por ejemplo: si el enfoque es en innovación, el diseño es fundamental. Si la empresa tiene un enfoque en costos, la excelencia operativa será clave. Estas actividades surgen a partir de las dimensiones estratégicas.

- pág. 138

- Las capacidades esenciales son las que permiten que las actividades claves se realicen mejor que como lo hacen los competidores. En general, son activos intangibles como habilidades del personal, tecnología, la cultura organizacional, etc.

Tener claro el núcleo estratégico es especialmente importante en entornos extremadamente complejos.

Stakeholders – Creación de valor

Clientes
Accionistas
Personal
Comunidad
Otros

En el mundo empresarial actual es ampliamente aceptada la idea de que las empresas deben crear valor para todos los *stakeholders* relevantes. Los *stakeholder*s o partes interesadas son todos aquellos grupos, organizaciones, empresas o personas que tienen un interés en la existencia y desarrollo de una organización dada. Podemos mencionar: propietarios, directivos, empleados, clientes, entidades financieras, aliados estratégicos, proveedores, competidores, reguladores, oficinas estatales, sindicatos, medios de comunicación, comunidad local, sociedad en general. Naturalmente la empresa prioriza algunos de ellos por el impacto e influencia que tienen en la empresa.

El concepto es relativamente nuevo, ya que surgió en 1984 en el libro *Strategic Management: a Stakeholder Approach*, de Edward Freeman. El autor señalaba que los distintos grupos de interés resultaban esenciales y debían tenerse en cuenta a la hora de planificar los negocios.

En función de su estrategia, la empresa tendrá una propuesta de valor para cada uno de los *stakeholders* relevantes. A continuación presentamos ejemplos:

Clientes. Nos referimos a aquellos elementos de la propuesta de valor que hacen que los clientes, en particular el segmento seleccionado por la empresa, prefieran los productos y servicios de la empresa, adelantándose a sus competidores. Incluye temas referidos al producto/servicio (calidad, durabilidad, variedad de tamaños y colores, precio, etc.), así como también temas relacionados con el nivel de servicio y la imagen de la empresa. M16 - pág

Accionistas. Estamos pensando fundamentalmente en que logren un rendimiento económico acorde a su inversión. Este rendimiento puede obtenerse a través del aumento de la cotización de las acciones y por los dividendos distribuidos. También forma parte del valor entregado a los accionistas la reputación de la empresa y la estabilidad de los dividendos.

Personal. Nos referimos a generar un ambiente de trabajo adecuado, oportunidades de desarrollo, preparar a su personal para que tenga posibilidades de trabajo más allá de la propia empresa y, naturalmente, una remuneración adecuada. El modelo actual de gestión de recursos humanos se enfoca en el desarrollo de las competencias de las personas que integran la empresa.

Comunidad. Incluimos un amplio abanico de temas a ser cubiertos. En primer lugar, la empresa debe ser un ciudadano cuidadoso y respetuoso de las normas legales, mantener un comportamiento ético, cumplir estrictamente con los impuestos que le corresponden, no dañar el medio ambiente, y, según sus posibilidades, aportar a la comunidad con políticas de responsabilidad social.

Tipos de empresa y sus estrategias

Propiedad
Finalidad
Sector de actividad
Tamaño
Forma jurídica
Alcance geográfico
Rol en el mercado
Etapa del ciclo de vida

La definición de la estrategia de una organización implica conocer el contexto en que desarrolla sus actividades. No es lo mismo diseñar la estrategia en una multinacional con operaciones en muchos países que en una pequeña empresa focalizada en el mercado local.

Existen una serie de factores que inciden en el formato del planeamiento estratégico. A continuación, presentamos algunos de estos factores que nos ayudan a identificar distintos tipos de empresas:

- *Propiedad*: pública, privada, mixta.
- *Finalidad*: con fines de lucro, sin fines de lucro.
- *Sector de actividad*: primario, secundario, terciario.
- *Tamaño*: micro, pequeña, mediana, grande.
- *Forma jurídica*: unipersonal, sociedad colectiva, cooperativas, comanditarias, sociedad de responsabilidad limitada, sociedades anónimas.
- *Alcance geográfico*: local, nacional, regional, internacional.
- *Rol en el mercado*: *start-up*, líder, seguidora.
- *Etapa del ciclo de vida*: nacimiento, crecimiento, madurez, declive, liquidación.

En cada caso, la dirección de la empresa debe prestar atención a las peculiaridades correspondientes a su tipo. A continuación trataremos algunos casos. En primer término, diferenciamos las nuevas empresas de las existentes (etapa del ciclo de vida). A su vez, dentro de estas, distinguimos las pymes y las organizaciones sin fines de lucro (finalidad).

Nuevas empresas

Para este tipo de empresas es fundamental tener una estrategia clara antes de lanzarse a competir. Normalmente el emprendedor desarrolla un plan estratégico que será utilizado para conseguir financiamiento. Intenta demostrar cómo su producto crea valor para los potenciales clientes.

Empresas existentes

- *Pequeñas y medianas empresas.* En este tipo de empresas suele faltar tiempo y recursos para desarrollar un plan estratégico muy completo y detallado. Suelen focalizarse en el plan de crecimiento. La gran ventaja es que no existen muchos niveles en la organización y la estrategia se puede adaptar rápidamente ante los cambios del entorno. Es muy común que la propiedad sea familiar. Una fase crítica es la transición en la dirección de la empresa entre las distintas generaciones de la familia.
- *Grandes empresas.* Los procesos de planeamiento estratégico de las grandes empresas son los más completos y desarrollados. A menudo cuentan con la colaboración de consultores especializados. Se utiliza un gran conjunto de herramientas, y el formato es un plan estratégico a varios años. La estrategia corporativa define los negocios en los cuales quieren estar presentes. La estrategia de las unidades de negocio desarrolla cómo van a competir en cada sector. Dado su gran tamaño y dispersión geográfica, la implementación de la estrategia es un desafío relevante.

Organizaciones sin fines de lucro

Estas organizaciones no tienen fines de lucro, pero cuentan con objetivos que cumplir y para ello necesitan desarrollar una estrategia. La estrategia se concentra en la discusión de la misión, los planes de desarrollo, la obtención de financiamiento para sus actividades y el aseguramiento del cumplimiento de los fines de la organización. En función de su tamaño, se utilizarán diversas herramientas de planeamiento.

6 - pág. 129

4 - pág. 125

Volviendo a la estrategia de las pymes, corresponden ciertas consideraciones adicionales. En general, sus fundadores tienen inclinación por la función de estratega, la cual forma parte del rol de arquitecto, que tratamos en el módulo GERENTES Y ESTRATEGIA; justamente esta característica es la que los llevó a fundar una empresa, en lugar de trabajar en relación de dependencia o dedicarse a otra cosa. Es común que tal inclinación se plasme en un planeamiento estratégico emergente. Pero es menos común que derive en uno deliberado. Sin embargo, a medida que la empresa crece y su problemática se complejiza, se hace más necesario complementar lo emergente con lo deliberado, desarrollo que implica la profesionalización de la organización. Entonces el desafío radica en si el fundador está dispuesto a tal desarrollo. Aquí juega su estilo personal. En el módulo ESTILOS PERSONALES Y ESTRATEGIA presentamos la cuestión en términos generales, pero el planteo asimismo es aplicable a quienes conducen una pyme. Además, en el libro *El gerente estratega y líder del cambio* de Santiago Lazzati, de la colección "Módulos de management" (Ediciones Granica, 2015), en el capítulo 15 se profundiza dicho desafío.

Valor para el cliente

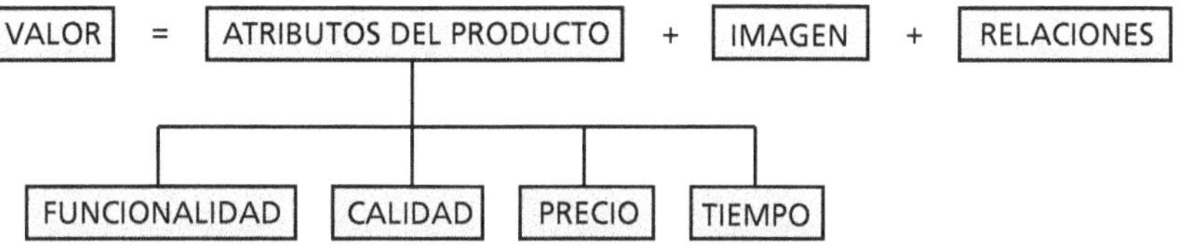

En su proceso de planeamiento estratégico la empresa debe definir los segmentos a los cuales se dedicará a atender. Hoy en día es muy difícil pensar que existe una propuesta de valor que sea atractiva para muchos segmentos de potenciales clientes. Por ello, es esencial definir los segmentos que constituyen un objetivo, y la propuesta de valor para cada uno de ellos.

La propuesta de valor debe transmitir cómo el producto/servicio resuelve el problema o necesidad del cliente, los beneficios que debe esperar el cliente del producto/servicio, y los motivos por los cuales debe elegir a esa empresa y no a sus competidores: debe indicar el valor diferencial.

Kaplan y Norton, en su libro *Cuadro de mando integral* (Gestión 2000, 1997), presentan las dimensiones de la propuesta de valor al cliente y distinguen:

- Atributos correspondientes al producto o servicio:
  - Funcionalidades.
  - Calidad.
  - Tiempos de entrega.
  - Precio.
- Atributos correspondientes a la relación:
  - Nivel de servicio.
  - Tipo de relación.
- Atributos correspondientes a la imagen:
  - Imagen de marca.
  - Prestigio.

Según la estrategia seleccionada, habrá un énfasis distinto en cada uno de estos atributos.

3 - pág. 36

En una estrategia de excelencia operativa, el foco estará en los atributos de precio. Para una calidad dada, el mejor precio. Los atributos de relación estarán en el mínimo posible. No hay que agregar costos de relación en esta estrategia. Y se posicionará como una marca de bajo costo para "compradores inteligentes".

3 - pág. 36

En una estrategia de intimidad con el cliente, el foco estará en los atributos de relación: un excelente nivel de servicio y una relación muy personalizada. Los atributos de producto y servicio serán los adecuados para esta estrategia, pero no serán el aspecto distintivo. Y se generará una "marca de confianza".

En una estrategia de liderazgo del producto, el foco estará puesto en los aspectos de las funcionalidades, la calidad, la variedad, que hacen a un "producto único". Los temas de relación no serán claves, y la imagen de marca se focalizará en que es "el mejor producto".

Naturalmente, los procesos claves para lograr esa ventaja competitiva son diferentes. Para una estrategia de excelencia operativa los procesos claves serán los procesos operativos; deben ser realizados con un desempeño superior al de los competidores para efectivamente lograr la excelencia operativa. Para una estrategia de intimidad con el cliente, los procesos de gestión de clientes deberán tener un desempeño destacado respecto de los competidores, para que efectivamente se logre entregar esa relación especial con los clientes. Por último, en una estrategia de liderazgo de producto, se deben destacar los procesos de innovación para efectivamente entregar el "mejor producto" a los clientes seleccionados.

Análisis estratégico

	Factores internos	Factores externos
Puntos positivos	Fortalezas	Oportunidades
Puntos negativos	Debilidades	Amenazas

El análisis estratégico comprende el interno, referente a las características de la propia organización, y el externo, acerca de las condiciones del entorno que afectan o pueden afectar a la organización. Sirve de base para identificar las cuestiones estratégicas claves, que a su vez orientan la definición de los objetivos y estrategias específicas. La idea es diseñar la mejor inserción de la organización en el entorno.

M 05 - pág
M 06 - pág

Si en un período anterior la organización realizó un proceso de planeamiento estratégico, es normal que se disponga de cierta definición de la misión, la visión y los valores. Entonces, en el planeamiento actual cabe encarar el análisis estratégico en el marco de la misión, la visión y los valores establecidos. Sin embargo, los resultados del análisis pueden implicar una modificación de cualquiera de dichas definiciones generales. Por ejemplo, la identificación de fortalezas y debilidades (que referimos más adelante) depende de la misión; pero, por otra parte, esta identificación puede justificar cambios en la propia misión.

M 06 - pág

Tanto para el análisis interno como para el externo es aconsejable emplear un modelo de análisis organizacional.

M 29/30 -

El análisis estratégico puede incluir el planteo de escenarios alternativos con respecto a las condiciones que ofrecerá el entorno, alternativas que implican variantes en cuanto al análisis interno. Por ejemplo, un determinado aspecto de la organización puede juzgarse como positivo o negativo, dependiendo de las características del escenario presunto.

M 24 - pág

Análisis interno

El análisis interno abarca lo cuantitativo y lo cualitativo, ambos profundamente entrelazados.

El análisis cuantitativo se nutre de la contabilidad, del control presupuestario, de los indicadores de desempeño, etcétera. En general, la información fundamental proveniente de la contabilidad son los resultados del último o los últimos ejercicios.

M 63 - pág

7 - pág. 90

Cabe profundizar el análisis interno utilizando información proveniente del *benchmarking* y de *best practices*. De esta manera, una evaluación favorable de un determinado elemento puede llegar a considerarse desfavorable si la comparación con la competencia señala que esta es superior en cuanto al elemento comparado.

Para el análisis interno es dable emplear distintos medios: la revisión de información escrita, las opiniones de miembros de la organización, las opiniones de expertos, herramientas de análisis, cuestionarios que preguntan por determinados atributos, etc.

2 - pág. 44

Conforme indicamos en el módulo NIVELES – ESTRATEGIAS SECTORIALES, cabe hacer análisis interno no solo de la organización tomada en conjunto, sino también de sus sectores.

Análisis externo

El análisis externo parte de la consideración del entorno general, considerando aspectos sociales, económicos, tecnológicos, políticos, legales, etc.

3 - pág. 104

Luego analiza el entorno específico del sector de actividad. Para ello se recurre al esquema incluido en el módulo FUERZAS COMPETITIVAS SEGÚN PORTER. Se considera la competencia actual en el sector de actividad, los competidores potenciales, los productos sustitutivos, los clientes y los proveedores.

Síntesis del análisis: matriz FODA

El análisis estratégico suele resumirse en una matriz FODA, sigla que surge de las letras iniciales de *fortalezas, oportunidades, debilidades* y *amenazas*. También es conocida como matriz DAFO. En inglés, se la denomina SWOT (*strengths, weaknesses, opportunities, threats*).

- *Fortalezas.* Son recursos o competencias que generan una ventaja competitiva sobre los competidores. Por ejemplo: cultura organizacional, capacidad de innovación, ubicación de la planta industrial, acceso privilegiado a materias primas, conocimiento del cliente, etc.
- *Oportunidades*. Son aquellos aspectos y tendencias del mercado que la empresa puede capitalizar en su beneficio. Por ejemplo: incursionar en nuevos negocios, mejorar el posicionamiento en un segmento de mercado, mejorar la rentabilidad, etc.
- *Debilidades*. Son aquellos recursos o competencias que necesitamos desarrollar para competir adecuadamente. Por ejemplo: falta de habilidades claves, problemas de financiamiento, costos altos, instalaciones obsoletas, etc.
- *Amenazas.* Son aquellos aspectos y tendencias del mercado que pueden afectar negativamente a la empresa. Por ejemplo: pérdida de posicionamiento en un segmento de mercado, obsolescencia del producto, dificultades de financiamiento, etc.

Implementación de la estrategia

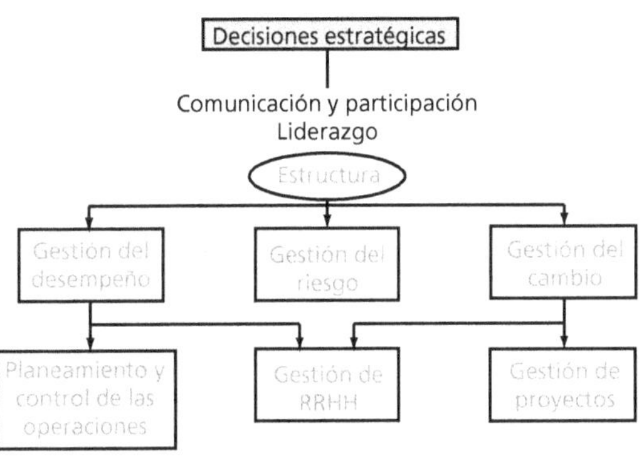

Para ser implementada con efectividad, la estrategia, antes que nada, tiene que ser debidamente comunicada a los miembros de la organización. Si bien la confidencialidad de ciertos aspectos de la estrategia puede justificar una restricción en su comunicación abierta, en muchos casos se suele abusar del argumento de la confidencialidad en detrimento de una comunicación apropiada.

Otro factor importante es la participación. Dado un nivel de planeamiento estratégico, en general es positivo que el responsable respectivo participe del proceso a sus colaboradores directos. Por ejemplo, el CEO participa a sus reportes directos en la estrategia de la organización; el gerente de una unidad de negocio hace lo propio con la estrategia competitiva de su unidad de negocio; el gerente de recursos humanos participa a sus colaboradores en la estrategia del área funcional, etcétera. Tal participación significa que en cada nivel, salvo el N° 1, los gerentes tienen un doble rol: intervenir en el planeamiento estratégico del área de responsabilidad a cargo de su jefe, y liderar el planeamiento estratégico de su propia área de responsabilidad. Este proceso tiene sus beneficios respecto de la estrategia de un determinado nivel: el aporte de los colaboradores y su conocimiento por parte de estos, lo cual a su vez promueve el desarrollo de una visión compartida, facilita el alineamiento a la estrategia del nivel siguiente, y tiende a favorecer la motivación en la implementación. Aún más, el conocimiento que adquieren los colaboradores gracias a tal participación facilita el cumplimiento de los objetivos fijados, así como también su control.

M 22 - pág

La implementación de las decisiones estratégicas puede requerir una modificación de la estructura básica de la organización; por ejemplo, en el nivel de reporte al CEO, pasar de una agrupación funcional a una divisional, a raíz de una nueva estrategia de diversificación de productos. Dada la estructura básica, modificada o no, dicha implementación puede comprender dos caminos:

M 55 - pág

I. Asignar la implementación de la decisión al área de responsabilidad correspondiente, dentro de la estructura básica establecida, en función de la naturaleza de la decisión. Por ejemplo, si se trata de un objetivo comercial, su implementación queda en manos del gerente comercial y su gente.

II. Constituir un grupo o equipo de proyecto con la misión específica de implementar la decisión estratégica.

El proceso indicado en I pasa a formar parte del planeamiento y control de las operaciones. Este, a su vez, combinado con ciertas funciones de la gestión de los recursos
9 - pág. 135 humanos, configura la gestión del desempeño. El proceso señalado en II da lugar a
2 - pág. 140 la gestión de proyectos. Por otra parte, es preciso tomar en cuenta los riesgos involu-
0 - pág. 137 crados en el logro de los objetivos. Aquí aparece la gestión del riesgo.

Adicionalmente, en tanto la implementación de la estrategia implique la modifica-
7 - pág. 131 ción de la estructura, los sistemas o los comportamientos, entra en juego la gestión del cambio. Es común que los proyectos indicados en II o su mayoría se ocupen de dicha modificación. Entonces la gestión de los proyectos surgidos de la estrategia pasa a formar parte de la gestión del cambio.

Pero además de emplear los sistemas gerenciales indicados en los dos párrafos pre-
7 - pág. 149 cedentes, la implementación de la estrategia depende sustancialmente del liderazgo por parte no solo de la alta gerencia, sino también del resto de los gerentes.

En resumen, la implementación de la estrategia requiere del alineamiento de todos los elementos indicados: la estructura, los sistemas gerenciales y, sobre todo, el liderazgo. Para ello es necesario que los responsables de la estrategia:

- Culminen el proceso de planeamiento estratégico con el plan de su implementación, que debe comprender, además del lineamiento de los cursos de acción correspondientes, la especificación de los respectivos responsables.
- Realicen el monitoreo periódico de cómo marcha la implementación de la estrategia, incluyendo los proyectos especiales pertinentes. Este monitoreo debe formar parte de la agenda de la alta gerencia, en adición al planeamiento estratégico en sí, al planeamiento y control de las operaciones, a las decisiones puntuales y al intercambio de información.

La debida implementación de la estrategia es tan relevante como la calidad del planeamiento estratégico. Muchas buenas estrategias han fracasado por culpa de una mala implementación. A continuación, como Anexo ofrecemos un CUESTIONARIO SOBRE LA IMPLEMENTACIÓN DE LA ESTRATEGIA, que consideramos útil al respecto.

CUESTIONARIO SOBRE LA IMPLEMENTACIÓN DE LA ESTRATEGIA

- ¿La estrategia ha sido debidamente comunicada a los miembros de la organización?
- ¿En los procesos de planeamiento estratégico se ha brindado la participación correspondiente?
- ¿El presupuesto y el control presupuestario están alineados con la estrategia?
- ¿En las distintas áreas de la organización se aplican una gestión por objetivos e indicadores de desempeño de manera alineada con la estrategia?
- ¿El sistema de evaluación de desempeño es coherente con la estrategia?
- ¿El régimen de recompensas es coherente con la estrategia?
- ¿Se efectúa una apropiada gestión del riesgo con respecto a los objetivos estratégicos y operativos?
- ¿Se ha realizado una gestión del cambio efectiva?
- ¿Los proyectos especiales surgidos de la estrategia se han definido y se llevan adelante en forma adecuada?
- ¿Se ejerce el liderazgo correspondiente en los distintos niveles de la organización en cuanto a la implementación de la estrategia?
- ¿La alta gerencia monitorea debidamente la implementación de la estrategia?

Objetivos – Antecedentes

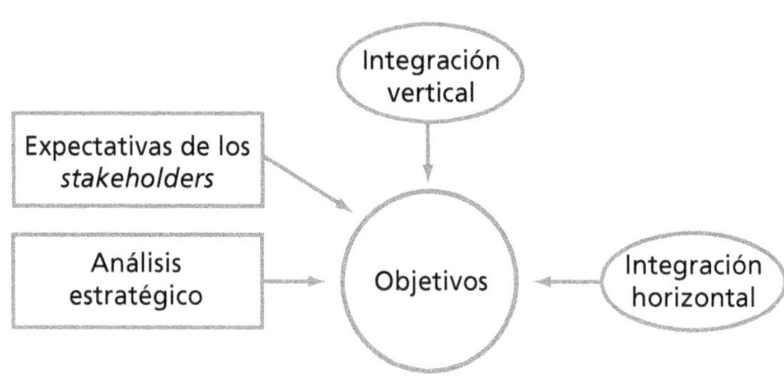

2 - pág. 44 En el planeamiento estratégico sectorial la fijación de objetivos debe tener en cuenta los siguientes antecedentes:

1. Los lineamientos que provienen del nivel superior, así como también de las necesidades de otros sectores de la organización. A esto lo llamamos integración vertical y horizontal.

4 - pág. 47

2. Las expectativas de los *stakeholders*.

7 - pág. 53

3. El análisis estratégico, que incluye la consideración de los resultados logrados en el pasado.

En el planeamiento estratégico de la organización tomada en conjunto son aplicables los antecedentes indicados en 2 y 3, pero no la integración vertical y horizontal referida en 1. Esta integración comprende:

- El alineamiento de los objetivos del sector con los objetivos de nivel superior. Por ejemplo, el área de producción alinea sus objetivos con los del gerente general.
- El ensamble de los objetivos del sector con los objetivos de otros sectores de la organización. Por ejemplo, el área de producción integra sus objetivos con los del área comercial.

2 - pág. 140

- El hacerse cargo de objetivos que son la consecuencia natural de proyectos intersectoriales, generalmente de cambios en la arquitectura de la organización (estructura, sistemas, etc.). En este caso el sector no es el responsable de todo el proyecto, pero se hace responsable de la parte que le corresponde. Por ejemplo, el área de producción fija nuevos objetivos de calidad de sus productos, en virtud de una reingeniería de procesos orientada a la calidad total, en la cual participaron todos los sectores de la organización.

Los *stakeholders* son aquellas personas o sectores cuyos intereses deben ser tenidos en cuenta: propietarios, clientes, proveedores, personas de la organización, gobierno, organismos de control, sindicatos, otros miembros de la comunidad, etcétera.

Los resultados logrados en el pasado son un antecedente importante. Sin embargo, ofrecen la tentación de repetir los objetivos o resultados anteriores, con una variación (positiva o negativa) "razonable". Los nuevos objetivos deben fundamentarse debidamente, más allá de la experiencia del pasado. En este orden, el concepto de "presupuesto base cero" propugna un total replanteo crítico de las partidas de gastos. La idea central es la siguiente: el hecho de haber incurrido en un gasto de por sí no justifica que haya que incurrir nuevamente en él.

Objetivos – Condiciones

OBJETIVOS
Resultados a lograr
Coherentes
Prioritarios
Específicos
Desafiantes
Mejoramiento permanente

Para llevar adelante el planeamiento estratégico es conveniente fijar objetivos que respondan a las siguientes condiciones (que son aplicables a los objetivos en general y no solo a los estratégicos):

1. Expresados en términos de resultados (y no de actividades).
2. Coherentes entre sí y con los demás objetivos de la organización.
3. Prioritarios.
4. Específicos.
5. Desafiantes.
6. Tendientes al mejoramiento permanente.

A continuación comentaremos sucintamente cada una de estas condiciones:

La condición de que el objetivo se exprese en términos de resultados, y no de actividades, se basa en los conceptos siguientes:

- Si en la definición del objetivo se mezcla el proceso con el resultado, este tiende a perderse de vista. Y luego es más ambiguo medir la eficacia. La visión del cumplimiento del objetivo es más clara cuando la comparación entre el resultado a lograr y el resultado logrado se despeja de cuestiones de procedimiento.
- Asimismo, los detalles del proceso pueden oscurecer la relación entre el *input* y el *output*, que es lo que interesa finalmente a la eficiencia.

Por coherencia entendemos la integración de los objetivos del sistema objeto de planeamiento con el resto de la cadena de objetivos y planes de toda la organización. Pero no debemos perder de vista que la coherencia no puede ser absoluta, que hay objetivos contradictorios, al menos en el corto plazo, y que muchas veces lo que se requiere es lograr un equilibrio entre ellos.

La condición de que el objetivo sea prioritario implica concentrarse en unos pocos objetivos: los verdaderamente importantes. La idea es no distraer la atención en actividades que brindan escasa contribución a los resultados.

La condición de que el objetivo sea específico entraña que sea claro e inequívoco, y que su descripción incluya todos los elementos necesarios para que luego su cumplimiento sea comprobable. Aquí es aplicable el módulo OBJETIVOS – ESPECIFICACIÓN. M 21 - pág.

Que un objetivo sea desafiante significa que sea ambicioso, pero alcanzable. Si no es ambicioso no moviliza las energías; entraña un desaprovechamiento de oportunidades. Pero si es demasiado ambicioso, si es inalcanzable, puede ser una mala guía para la asignación de recursos, y además el fracaso en el logro tiende a operar como factor desmotivante de la gente.

La tendencia al mejoramiento permanente se lleva a cabo tratando de que el objetivo de hoy sea más ambicioso que el de ayer, y el de mañana más que el de hoy. La elaboración de planes de acción y el control ulterior de resultados (análisis de causas de desvíos, identificación de nuevos problemas, etcétera) entrañan un verdadero proceso de aprendizaje, y este proceso da pie para ir planteando mayores desafíos. Este concepto es similar al de innovación o mejora permanente en el cual han hecho tanto hincapié propuestas como las de la excelencia y de la calidad total.

Objetivos – Especificación

Módulo antecedente

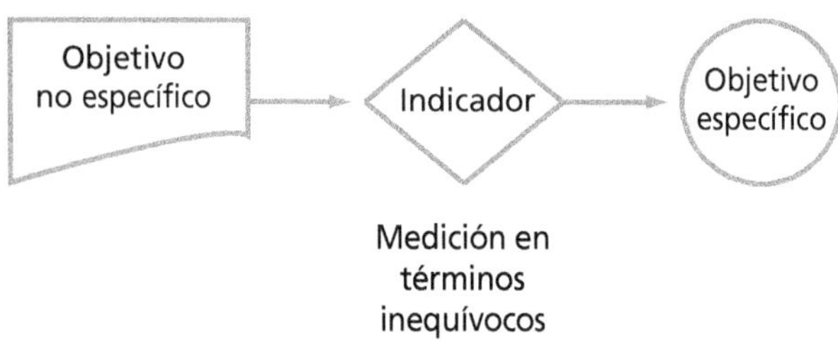

Medición en términos inequívocos

El contenido de este módulo corresponde a la especificación de objetivos en general, cualquiera sea su nivel. Por lo tanto, es aplicable a los objetivos estratégicos en particular.

9 - pág. 58

En el módulo OBJETIVOS – ANTECEDENTES indicamos los distintos antecedentes a tener en cuenta para identificar objetivos. Es habitual que ellos generen un primer listado que contenga demasiados objetivos y que además algunos no estén debidamente especificados. Entonces corresponde depurar el primer listado para concentrarse en los objetivos prioritarios y específicos.

0 - pág. 60

En el módulo OBJETIVOS – CONDICIONES tratamos la cuestión de los objetivos prioritarios. Una vez seleccionado el objetivo prioritario, es necesario expresarlo en términos específicos, lo cual requiere el indicador de desempeño correspondiente. Por ejemplo, si se establece un objetivo de mejora de la calidad, para especificarlo es necesario identificar el indicador de desempeño que habrá de medir el atributo perseguido.

3 - pág. 141

Sobre la base del indicador correspondiente hay que especificar el objetivo. Vale decir, fijar la meta. Las metas son objetivos expresados en términos específicos, mensurados y acotados en el tiempo. Una meta puede ser:

- Una partida monetaria incluida en el presupuesto o en otro programa.
- Una cantidad (monetaria o no monetaria) en el marco de un indicador de desempeño.
- La finalización de un proyecto o de una de sus etapas, en las condiciones específicas predeterminadas.
- La realización de un evento.

Puede haber objetivos prioritarios cuya conversión en metas resulte problemática, debido a la dificultad de identificar un adecuado indicador de desempeño. Por ejemplo, desarrollar el trabajo en equipo. En tales situaciones existen tres posibilidades:

- Elegir un indicador indirecto. Por ejemplo, un indicador de productividad, en la hipótesis de que una mejora en el trabajo en equipo habrá de producir un incremento en la productividad respectiva.
- Establecer un indicador de desempeño basado en las encuestas que preguntan por atributos inherentes al objetivo buscado.
- Renunciar a establecer un indicador para el objetivo perseguido, considerando que un indicador no necesariamente mide el atributo perseguido y que no es conveniente emplear un indicador fundado en encuestas.

Si se pretende mantener el objetivo establecido, la tercera alternativa requiere de un sustituto de la meta. La solución puede pasar por convertir el objetivo en una norma de conducta. Si el objetivo no deviene en meta o norma de conducta, queda en la nada.

Las normas de conducta no se refieren a un producto o resultado, sino a comportamientos o actividades; no implican una cantidad determinada, sino que deben cumplirse todas las veces que sea menester. En general, no se establecen por un período determinado sino que habrán de estar vigentes en tanto no se modifiquen.

Como principio general, es conveniente tratar de medir todo lo medible. Pero no todo es medible. El buen management debe saber combinar el planeamiento y control basado en objetivos específicos (lo medible) con su influencia sobre el comportamiento con base en el liderazgo, los valores, la prédica con el ejemplo.

Participación en la gestión estratégica

ulo
cedente

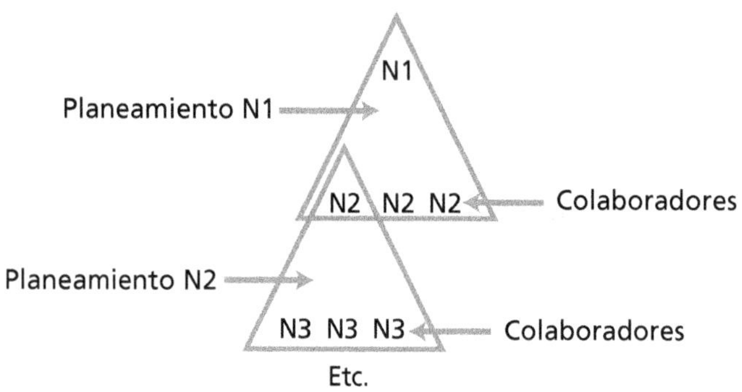

La estrategia es responsabilidad primaria de la persona que está a cargo del área operativa respectiva (corporación, unidad de negocio o sector). Dicha persona, en el ejercicio de tal responsabilidad, puede o debe participar a sus colaboradores directos y a otras personas, en mayor o menor grado. En este orden son aplicables las consideraciones que hicimos acerca de la participación en el libro *Las conversaciones de trabajo* (Ediciones Granica, 2014). En el caso particular del planeamiento estratégico deliberado cabe destacar dos ventajas significativas de la participación:

- La participación potencia el aprovechamiento de los aportes de los colaboradores, así como también su motivación en el proceso de planeamiento y su compromiso con la implementación de la estrategia. A menudo es sorprendente el valioso aporte que pueden hacer ciertos colaboradores. Además, la posibilidad de tal aporte es útil para evaluar la capacidad estratégica de todos los colaboradores. En cuanto a la motivación y el compromiso de los colaboradores, reflexionemos acerca de lo que habrá de significar dicha participación como algo adicional y distinto a las tareas operativas cotidianas.
- La participación de los colaboradores en el planeamiento estratégico deliberado que es responsabilidad de su jefe contribuye positivamente al conocimiento de la estrategia resultante por parte de aquellos. Esto, a su vez, facilita el planeamiento estratégico en el nivel siguiente, y así sucesivamente, lo cual favorece el alineamiento entre los distintos niveles de la organización.

Robert Simon, en su excelente libro *Las palancas de control* (Temas, 1998), hace hincapié en la conveniencia de lo que denomina "sistema de control interactivo", que entraña darles participación a los colaboradores en el análisis estratégico. La idea es que cuanto más se participe al respecto, la gente comprende mejor el porqué de los objetivos. Y esto significa que está más capacitada y motivada para la acción, facilitando la delegación y el control de gestión. Lamentablemente, muchos gerentes actúan a la inversa: participan poco o nada en lo estratégico y están demasiado encima de sus colaboradores en la supervisión cotidiana.

- pág. 53

En la obra citada al principio señalamos la influencia del estilo de liderazgo del respectivo responsable sobre el grado de participación que él emplea con sus colaboradores, más allá de lo que sea conveniente en la situación. Los párrafos precedentes constituyen una invitación a desarrollar la participación en el proceso de planeamiento estratégico, participación que puede requerir la superación de un estilo de liderazgo no participativo.

M 67 - pág

Planeamiento estratégico – Emergente y deliberado

	EL *EMERGENTE*	EL *DELIBERADO*
Por qué – Disparador	Idea Nueva info	Plan del plan
Cuándo – Momento	Cualquiera	Reunión convocada
Dónde – Lugar	Cualquiera	Retiro
Qué – Enfoque	Incremental Fragmentado	Integral
Cómo – Proceso	Disperso	Metódico
Quiénes – Participación	Ocasional	Organizado

El proceso de planeamiento estratégico puede ser emergente o deliberado:

- El *emergente* ocurre en cualquier momento, como parte del trabajo cotidiano, en forma espontánea y dispersa, y su enfoque tiende a ser parcial. Por ejemplo, cierta información novedosa es percibida como una oportunidad adicional que brinda el entorno (análisis estratégico); y para aprovechar la oportunidad se fijan nuevos objetivos y metas, y se formulan las estrategias consecuentes (definiciones estratégicas).
- El *deliberado*, en cambio, implica dedicar al planeamiento estratégico un período concentrado de tiempo definido, acotado, con un enfoque integral de la organización o unidad, empleando la metodología pertinente. Tal concentración entraña una especie de retiro, para evitar las interrupciones que acarrea la operación, para lo cual suele ser preferible un sitio apartado del lugar de trabajo cotidiano. Este retiro hace que sea necesario organizar la participación de las personas correspondientes.

Ambos tipos de procesos son complementarios y no excluyentes. Una organización debe prestar atención a la estrategia en forma permanente, e ir adaptando el rumbo conforme a las circunstancias. Pero es bueno reforzar el proceso emergente con sesiones periódicas destinadas al proceso deliberado.

5 - pág. 71

Para desarrollar el planeamiento estratégico deliberado es necesario aplicar integralmente la metodología correspondiente. En cambio, en el planeamiento estratégico emergente no necesariamente se respeta tal aplicación. Sin embargo, la metodología es útil también como mapa de posibles recorridos del planeamiento estratégico emergente.

Planeamiento estratégico - Escenarios

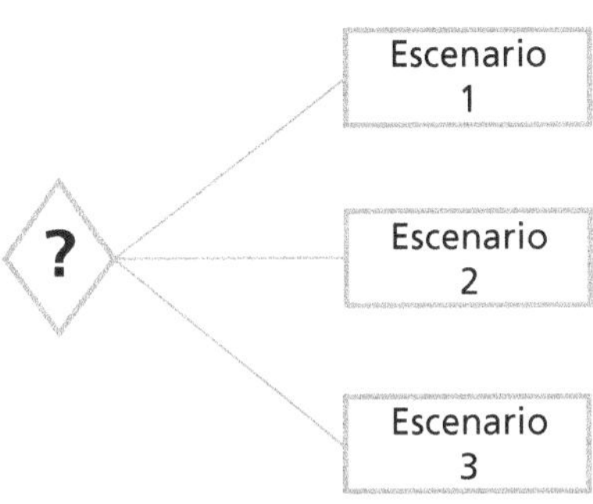

La incertidumbre es inherente a la actividad empresarial. Sin embargo, muchas veces no es debidamente considerada en los procesos de planeamiento estratégico. Es común que las empresas supongan que el futuro será similar al pasado, pero es probable que el futuro sea diferente. Algunas empresas utilizan posibles *escenarios* como herramientas para comprender las implicancias estratégicas de la incertidumbre.

La idea base es la siguiente: no podemos prever el futuro, pero sí podemos pensar en varios escenarios que nos cubran un porcentaje importante de las posibilidades. La contemplación de escenarios facilita la flexibilidad estratégica de una organización. Permite detectar más rápidamente los cambios en el entorno, por haber reflexionado mucho sobre él, y sus variables claves. Asimismo, permite reaccionar más rápidamente, al haber anticipado qué hacer en cada caso.

Muchas empresas comienzan a trabajar los escenarios considerando primero uno positivo, que supone la evolución más favorable de las variables pertinentes. Luego incorporan un escenario que se podría calificar como "intermedio". Por último, cabe considerar un escenario más negativo. Indudablemente el futuro no es tan blanco o negro y la situación se complica al aparecer posibles escenarios adicionales que son combinaciones de los anteriores.

Para bosquejar los escenarios se suelen seguir las siguientes fases:

1. Determinar el período de tiempo para el cual se quiere construir los escenarios. En algunos casos se trabaja con escenarios a uno, tres o más años. Este plazo depende del sector de actividad y de las características de la empresa.

2. Identificación de las variables claves. Las variables claves a considerar cambian en función del sector de actividad y de la situación de la empresa. Entre ellas, podemos mencionar, crecimiento del PIB (Producto Interno Bruto), tasa de inflación, tasa de interés, tipo de cambio, crecimiento de la población, tendencias de consumo, cambios en los gustos de los clientes, movimientos posibles de competidores, innovación que afectará al sector de actividad, etc. Muchas veces se

asignan rangos a los valores posibles que tendrán las variables claves, y también se suelen asignar probabilidades a dichos rangos.

3. Definir estrategias para cada escenario.

En su libro *Ventaja competitiva* (CECSA, 1987) Michael Porter presenta algunos enfoques posibles a partir de la definición de los escenarios.

- Apostar al escenario más probable. La empresa diseña su estrategia alrededor del escenario que se considera más probable. Muchas veces este enfoque se aplica en forma implícita, y su pertinencia depende de la probabilidad de que ese escenario ocurra. El riesgo es que ocurran otros escenarios que hagan inapropiada la estrategia; y es difícil modificarla a mitad de camino.
- Apostar al "mejor" escenario. La empresa diseña la estrategia en el escenario que puede establecer la ventaja competitiva más sostenible a largo plazo. Si el mejor escenario no ocurre, la estrategia elegida es inapropiada.
- Adoptar un enfoque "compensador". La empresa elige una estrategia que produzca resultados satisfactorios bajo todos los escenarios o, por lo menos, en todos los escenarios que tengan una probabilidad razonable de ocurrir. Normalmente no es una estrategia óptima en ningún escenario, pero reduce los riesgos.
- Preservar la flexibilidad. Otro enfoque posible es elegir una estrategia que preserve la flexibilidad hasta que sea más evidente qué escenario realmente ocurrirá. Este enfoque tiene el costo de la demora en implementar la estrategia y, por lo tanto, no capitaliza las ventajas de ser el primer jugador.

En principio, dichos enfoques son alternativos. Sin embargo, cabe adoptar estrategias que combinen aspectos de más de un enfoque. Por ejemplo, la apuesta al escenario más probable o al mejor escenario puede incluir elementos que faciliten preservar cierta flexibilidad.

Planeamiento estratégico – Factores del éxito

Módulo anteced
26

1. Información
2. Priorización
3. Innovación
4. Participación
5. Integración entre niveles
6. Trabajo en equipo
7. Capacidad estratégica
8. Metodología
9. Implementación

Además de la aplicación de los conceptos y metodología que hemos tratado en otros módulos, los factores siguientes son claves para el éxito del proceso de planeamiento estratégico:

1. Disponibilidad de la información necesaria para nutrir debidamente el proceso, especialmente en la etapa de análisis estratégico. M 64 - pág

2. Concentración en las cuestiones estratégicas verdaderamente prioritarias. M 05 - pág

3. Actitud innovadora de los participantes en el proceso. En este sentido suele ser provechoso definir lineamientos estratégicos con respecto a la innovación, lo cual incluye la definición de pautas fundamentales, la identificación de áreas que constituyen las mejores oportunidades de innovación y la priorización de tales áreas. M 65 - pág

4. Participación intensa de las personas que intervienen en el proceso, lo cual requiere un estilo participativo por parte de quien o quienes lo conducen. Al respecto nos remitimos a los módulos sobre Participación del libro *Las conversaciones de trabajo,* de Santiago Lazzati, de la colección "Módulos de management" (Ediciones Granica, 2014). M 22 - pág

5. Integración entre los distintos niveles del planeamiento estratégico, que tiene mucho que ver con la participación referida en el apartado precedente. En general, es conveniente que en el planeamiento estratégico de un nivel participe no solo el responsable máximo correspondiente a ese nivel, sino también sus reportes directos, que a su vez son responsables del planeamiento estratégico del nivel siguiente; por ejemplo, que en el planeamiento estratégico corporativo participen los directores funcionales y los gerentes de las unidades de negocio que reportan al CEO de la corporación. De esta manera dichos reportes, al participar en el planeamiento estratégico que lidera el jefe común, están en mejores condiciones para facilitar con sus colaboradores el alineamiento estratégico correspondiente; y así sucesivamente. M 11 - pág

4 - pág. 148
7 - pág. 53

6. Trabajo en equipo entre los participantes en el proceso. Particularmente en el análisis interno, los participantes deben sentirse cómodos para plantear debilidades de áreas de responsabilidad que no son las suyas, superando barreras defensivas que suelen ser bastante comunes. Tienen que darse las condiciones para evitar cualquiera de las dos alternativas siguientes, ambas negativas: que los planteos provoquen conflictos personales contraproducentes, o que se omitan los planteos para no generar tales conflictos. Por ello puede ser conveniente encarar una actividad, previa al proceso de planeamiento estratégico, orientada a desarrollar el trabajo en equipo (*team building*) entre los participantes del proceso. En este orden nos remitimos a los módulos sobre Trabajo en equipo del libro citado precedentemente en el punto 4.

4 - pág. 125

7. En relación con el trabajo en equipo, es conveniente que entre los participantes en el proceso haya una buena dosis de capacidad estratégica, que opere de manera sinérgica con la capacidad operativa, maximizando el aprovechamiento de las distintas competencias de los participantes. Aquí es importante lo que señalamos en el módulo ESTILOS PERSONALES Y ESTRATEGIA.

7 - pág. 53
3 - pág. 66

8. Aplicación de cierta metodología de planeamiento estratégico no solo en el planeamiento deliberado, sino también en el emergente (en este al menos como marco de la problemática). La metodología aplicable por un lado debe ser conocida, acordada y respetada por los participantes; y por otro lado debe permitir la flexibilidad correspondiente. En general, ello requiere la intervención de un facilitador experto en el proceso.

3 - pág. 55

9. Implementación efectiva de las decisiones surgidas del planeamiento estratégico.

Planeamiento estratégico - Metodología

Módulo anteced
10

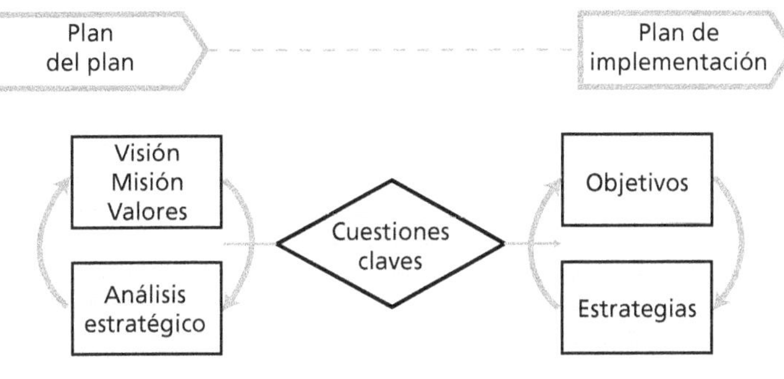

En este módulo nos referimos al planeamiento estratégico de una organización tomada en conjunto. En el caso de que la unidad objeto de planeamiento estratégico sea una parte de la organización, los procedimientos que se indican a continuación deben ubicarse en el marco de las definiciones estratégicas hechas a un nivel superior. Además, puede ocurrir que algunos de estos procedimientos sean solo aplicables a la organización tomada en conjunto, y no a una unidad menor. M 11/12 -

Por otra parte, cabe la posibilidad de que el proceso de planeamiento estratégico de una parte de la organización genere consideraciones que ameriten una modificación de las definiciones estratégicas hechas a un nivel superior; por ejemplo, al demostrar que una meta fijada no es alcanzable con los recursos disponibles.

Existen múltiples metodologías para llevar a cabo el proceso de planeamiento estratégico. Sin embargo, a grandes rasgos cabe reducirlas a los pasos siguientes, ordenados secuencialmente:

1. "Plan del plan". Elaboración del programa de trabajo para desarrollar el proceso de planeamiento estratégico.
2. Definición de la misión, la visión y los valores. M 06 - pág
3. Análisis estratégico. M 17 - pág
4. Identificación de cuestiones estratégicas claves. M 05 - pág
5. Definición de objetivos y estrategias. M 06 - pág
6. Diseño general del plan de implementación. M 18 - pág

En general, es conveniente que la elaboración del plan incluya:

1. La revisión de la estrategia actual, que puede consistir en repasar la última formulación anterior y controlar su cumplimiento.

2. La proyección de cuestiones estratégicas claves y de eventuales conflictos o resistencias en su tratamiento, a fin de adoptar las medidas pertinentes.
3. La elección de los participantes en el proceso y su debida preparación. Esta podría requerir cierta actividad de capacitación o inducción.
4. La programación del proceso a seguir: metodología aplicable, cronograma, organización de las reuniones, etcétera.
5. La información a suministrar a los participantes.
6. La logística necesaria.

El proceso para definir la misión, la visión y los valores es muy variable, dependiendo de la situación de la empresa. Por ejemplo, puede ser que dichos elementos ya estén definidos, pero sujetos a cambio en función del tratamiento de los demás elementos.

El análisis estratégico suele comprender:

- pág. 47

- Un examen de los intereses y expectativas de los respectivos *stakeholders* o grupos de interés. En una sociedad de personas, este examen puede incluir los intereses y expectativas de cada uno de los socios.
- Los análisis internos y externos, que habitualmente se sintetizan en términos de "fuerzas y debilidades" y de "oportunidades y amenazas", respectivamente. La idea es diseñar la mejor inserción de la organización en el entorno.

- pág. 67

Dicho análisis puede incluir la consideración de escenarios alternativos.

Como introducción al análisis estratégico puede ser útil que los participantes del proceso se reúnan previamente para examinar la información pertinente, incluyendo la participación de especialistas externos; por ejemplo, un economista, un politólogo, un experto en la industria, etcétera.

- pág. 80

Tanto el análisis interno como el externo abarcan información cualitativa y cuantitativa, no solo acerca de la organización sino también acerca del entorno, como ser el *benchmarking* y las *best practices*. Para ello es conveniente emplear un modelo de análisis organizacional, que facilite el enfoque sistémico y la debida consideración de todos los elementos pertinentes.

Los análisis interno y externo se suelen sintetizar en términos de "fuerzas y debilidades" (de la organización) y de "oportunidades y amenazas" (del entorno), respectivamente. En idioma español esta síntesis se identifica con la sigla "FODA", compuesta por las primeras letras de los cuatro elementos. En el idioma inglés se acostumbra usar la sigla "SWOT", representativa de *strengths* (fortalezas), *weaknesesses* (debilidades), *opportunities* (oportunidades) y *threats* (amenazas).

Sobre la base de dicho análisis se identifican las "cuestiones estratégicas claves" que entrañan el planteo de alternativas de cursos de acción de alto impacto, planteo que es previo a la elección del curso de acción a seguir (la decisión estratégica).

En general, las cuestiones estratégicas claves se orientan al aprovechamiento de fortalezas y oportunidades, a la superación de debilidades y a la cobertura contra las amenazas.

Antes de formular objetivos y estrategias, es importante ponerse de acuerdo en la identificación y priorización de las cuestiones estratégicas claves; este acuerdo permite concentrar el proceso de formulación de objetivos y estrategias en los aspectos verdaderamente prioritarios, inherentes a la estrategia propiamente dicha, y no distraerse con cuestiones que no son prioritarias desde el punto de vista estratégico. Las alternativas pueden implicar la opción entre conceptos opuestos, del tipo "blanco o negro", o bien cuestiones de grado, del tipo "mucho o poco". Ellas pueden referirse a cualquiera de los cuatro aspectos de la organización indicados en A, B, C y D del módulo CUESTIONES ESTRATÉGICAS CLAVES. M 05 - pág

La relación entre la misión y el análisis estratégico o las cuestiones estratégicas claves tiende a ser circular; por ejemplo, la misión de una empresa condiciona su análisis de fuerzas y debilidades, pero, a su vez, este análisis puede derivar en una revisión de la misión.

En línea con la misión, la visión y los valores, y poniendo foco en las cuestiones estratégicas claves, se formulan los objetivos y las estrategias. Entre estos dos elementos también cabe una relación circular; por ejemplo, un objetivo de crecimiento dispara la propuesta de una estrategia consecuente, pero las dificultades que surgen de examinar (a fondo) tal estrategia justifica que se cambie el objetivo. Aún más, el proceso de formulación de objetivos y estrategias puede llegar a replantear aspectos de la misión, de la visión o de los valores; por ejemplo, el lanzamiento de una línea de productos completamente novedosa y muy importante que entraña una modificación de la misión.

En sendos módulos tratamos los antecedentes, las condiciones y la especificación de los objetivos. M 19/20/21 - p

El plan de implementación lo tratamos en el módulo respectivo.

A lo largo del proceso de planeamiento estratégico pueden utilizarse distintos modelos o herramientas, que analizamos en los módulos respectivos.

27 Planeamiento estratégico y metodología de RP/TD(*)

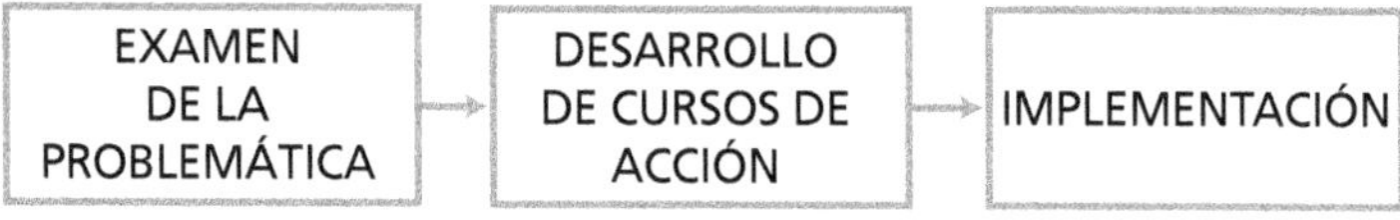

El libro de Santiago Lazzati *La toma de decisiones – Principios, procesos y aplicaciones*, de la colección "Módulos de management" (Ediciones Granica, 2013), comprende conceptos y técnicas que son aplicables al planeamiento en general y al planeamiento estratégico en particular. En el módulo 66. "RP/TD(*) – Metodología general del proceso", se indican las tres grandes etapas que lo comprenden:

1. Examen de la problemática.
2. Desarrollo de cursos de acción (concepción, evaluación y elección).
3. Implementación.

6 - pág. 71 El proceso de planeamiento estratégico responde a dicho esquema. En efecto:

7 - pág. 53
5 - pág. 30
1. El análisis estratégico y la identificación de cuestiones estratégicas claves corresponden al examen de la problemática.

6 - pág. 32
2. Las definiciones estratégicas (de la visión, la misión, los valores, los objetivos y las estrategias) implican el desarrollo de cursos de acción.

8 - pág. 55
3. El plan de implementación pone en marcha la tercera etapa.

Cabe aclarar que las definiciones generales de la visión, la misión y los valores requieren de cierto análisis estratégico previo, y luego sirven de marco para el análisis que fundamenta las definiciones específicas de objetivos y estrategias.

(*) Resolución de problemas y toma de decisiones.

Rol de staff en la gestión estratégica

Módulo anteced
10

Funciones generales
Reuniones de planeamiento estratégico
Implementación de la estrategia

La estrategia es responsabilidad primaria de la persona que está a cargo del área operativa respectiva. En el módulo PARTICIPACIÓN EN LA GESTIÓN ESTRATÉGICA M 22 - pág. 6 señalamos que dicha persona, en el ejercicio de tal responsabilidad, puede o debe participar a sus colaboradores directos y a otras personas, en mayor o menor grado. Por otra parte, cabe identificar cierto rol de staff que brinde apoyo y liderazgo a las actividades del responsable primario y demás participantes en la gestión estratégica.

En el Anexo de este módulo enunciamos las funciones específicas que es dable otorgar a ese rol en cuanto a la gestión estratégica de la organización tomada en conjunto. Adicionalmente, el enunciado puede servir de base para analizar un rol similar respecto de la gestión estratégica de una unidad de negocio e incluso de un sector de la organización.

En general, es conveniente que un miembro de la organización asuma el rol citado. Puede ser el CFO o gerente de administración y finanzas, o bien una persona a cargo de otra área funcional que reúna las condiciones pertinentes. En una organización grande cabe asignar a un CSO (*Chief strategic officer*) con dedicación principal o exclusiva al rol de staff de la gestión estratégica.

En principio, es conveniente que el CSO u otra persona que asuma el rol de staff en la gestión estratégica tenga las competencias siguientes:

1. Conocimiento del negocio y de su entorno, así como también de la organización y de su gente.
2. Inclinación por lo estratégico, en los términos planteados en el módulo ESTILOS PERSONALES Y ESTRATEGIA, incluyendo la visión sistémica, la creatividad, la capacidad de innovación, la flexibilidad y la adaptación al cambio. M 54 - pág. 1
3. Liderazgo, especialmente en el sentido de ejercer influencia sobre personas con las que no tiene autoridad formal. M 67 - pág. 1
4. Aptitud para las relaciones interpersonales (aquí es importante la inteligencia emocional).
5. Capacidad para planificar, coordinar y controlar las actividades pertinentes.

ANEXO

ROL DE STAFF EN LA GESTIÓN ESTRATÉGICA DE UNA ORGANIZACIÓN

A. Funciones generales:

1. Asistir al CEO o gerente general.
2. Liderar la gestión del conocimiento sobre el tema, incluyendo las mejores prácticas.
3. Identificar necesidades de capacitación en materia de estrategia y participar en el diseño y ejecución de las actividades educativas consecuentes.
4. Proponer la normativa pertinente (políticas, metodología, etcétera).
5. Responder a consultas de los participantes en el proceso.
6. Centralizar y distribuir información estratégica.
7. Coordinar la gestión estratégica de los distintos sectores de la organización.

B. En las reuniones de planeamiento estratégico:

1. Liderar la elaboración del "plan del plan".
2. Organizar la reunión.
3. Actuar como facilitador durante el encuentro.
4. Proveer a la registración de lo actuado en la reunión.

C. En la implementación de la estrategia:

1. Liderar la comunicación de la estrategia a los miembros de la organización.
2. Participar en la gestión del cambio organizacional en lo concerniente a la implementación de la estrategia.
3. Liderar la gestión del portafolio de proyectos estratégicos.
4. Participar activamente en la gestión del riesgo de la organización.
5. Monitorear el alineamiento del planeamiento y control de las operaciones y de la gestión de los recursos humanos con la estrategia.
6. Monitorear las acciones específicas que sean significativas en la implementación de la estrategia.

Anatomía de la organización

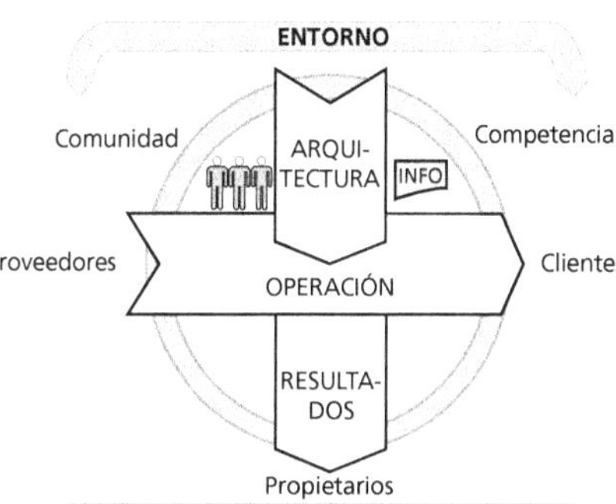

Módulo anteced 30

La anatomía abarca no solo la organización en sí, sino también su entorno y su evolución en el tiempo.

El *entorno* comprende:

- El *macroentorno* mundial, nacional o regional, referente a los factores económicos, políticos, legales, sociales, culturales, demográficos y tecnológicos que afectan o pueden afectar a la organización.
- El *ramo del negocio* de la organización, con su mercado actual y potencial, sus rasgos económicos (costos, márgenes, etcétera), sus características tecnológicas, sus condiciones competitivas, sus regulaciones, etcétera.
- Los *actores cercanos*: los clientes u otros usuarios de los servicios de la organización, los propietarios de la organización (accionistas u otros), los proveedores de los recursos de la organización, la comunidad (gobierno, organismos de control, sindicatos, cámaras, entidades educativas, etcétera) y los competidores.

La *evolución en el tiempo* recorre el pasado, el presente y el futuro, incluyendo:

- La *historia* de la organización, que nos habla de su nacimiento y desarrollo, de sus hitos vitales, de sus crisis y de cómo se superaron. En general, el conocimiento de la historia es relevante para comprender mejor la configuración de los elementos actuales.
- La *visión* que los miembros de la organización tienen acerca de su situación futura.

La *organización en sí* se compone de los siguientes *elementos básicos*, agrupados en función de su naturaleza:

1. Los *recursos operativos*, tangibles (financieros y físicos) e intangibles (tecnología, marcas y patentes, posición en el mercado, clientela, acceso a proveedores, etcétera).

2. Los *procesos operativos*, que abarcan dos tipos de actividades:
   - Las primarias, constituidas por la logística de entrada (incluye el abastecimiento), la producción, la prestación de servicios, la logística de salida y la comercialización (marketing y ventas).
   - Las de apoyo, inherentes a la investigación y desarrollo, la administración general (incluye la contabilidad y los impuestos), las finanzas, los recursos humanos, la informática, el aseguramiento de la calidad, los asuntos legales, la auditoría, etcétera.
3. Los *productos de la operación*, o sea los bienes tangibles y los servicios que se brindan a los clientes.
4. Las *personas*:

- pág. 129

   - Los directores y gerentes.
   - El personal interno de la organización que no reúne la condición de director o gerente.
   - Otras personas: consultores, personal contratado temporalmente, etcétera.

   El enfoque de las personas remite a su *comportamiento,* que depende de lo siguiente:

   - Las *características personales*, que intervienen en las competencias y la motivación, que a su vez influyen sobre el desempeño de las personas (comportamientos y resultados).
   - Las *características sociales*, referentes al ejercicio del poder, al liderazgo, a la comunicación, al trabajo en equipo y al clima de las relaciones interpersonales e intergrupales.

- pág. 119

   - La *cultura* de la organización, que se manifiesta a través de comportamientos predominantes que configuran la manera de hacer las cosas, en lo cual subyacen valores y creencias compartidas.

- pág. 143

5. La *información*, referente a la organización o su entorno, de tipo sistemático o circunstancial, destinada a los miembros de la organización o a ciertos actores del entorno.

- pág. 32

6. La *estrategia*, compuesta por la misión, la visión, los valores, los objetivos o metas y las estrategias.

- pág. 127

7. La *estructura*, en el sentido de la estructura organizativa, que suele sintetizarse en el organigrama.
8. Los *procesos gerenciales*:

- pág. 71

   - El planeamiento estratégico.
   - La gestión de los recursos humanos.

- El planeamiento y control de las operaciones.
- La gestión del riesgo. M 60 - pág. 13
- La gestión del conocimiento. M 58 - pág. 13
- La gestión del cambio. M 57 - pág. 13
- La gestión de los proyectos. M 62 - pág. 14

9. Los *resultados*, que representan el impacto del entorno y de las actividades de la organización sobre los recursos.

Sendos grupos de ciertos elementos básicos integran respectivamente dos *conceptos abarcativos*:

- La *operación*, que comprende los recursos operativos, los procesos operativos y los productos que se brinda a los clientes (indicados en 1, 2 y 3, respectivamente). M 39 - pág. 96
- La *arquitectura*, compuesta por la estrategia (indicada en 6), la estructura (indicada en 7) y los sistemas.

Los *sistemas* están formados por el diseño y la normativa de los procesos, incluyendo la tecnología y demás recursos aplicados, así como también por los productos resultantes. Los sistemas incluyen las políticas, los procedimientos establecidos, el hardware, el software, la forma y contenido de la información, etcétera. Dentro de los procesos cabe diferenciar:

- Los gerenciales (indicados en 8).
- Los operativos (indicados en 2).
- Los de información (indicados en 5), que alimentan los gerenciales y los operativos. Aquí es importantísima la tecnología informática.

La *tecnología* es un recurso primordial que forma parte de la operación y la arquitectura. M 68 - pág. 15

Si los sistemas o procesos se asocian con los respectivos campos de aplicación, los elementos de la organización pueden reclasificarse de la siguiente manera:

- Operación (recursos, procesos y productos; incluye los sistemas operativos).
- Personas / comportamientos / gestión de los recursos humanos.
- Información / sistema de información / tecnología informática.
- Estrategia / planeamiento estratégico.
- Estructura.
- Planeamiento y control de las operaciones y otros sistemas gerenciales.
- Resultados.

30

Modelo de Análisis Organizacional (MAO)

Análisis de los elementos

Evaluación del funcionamiento

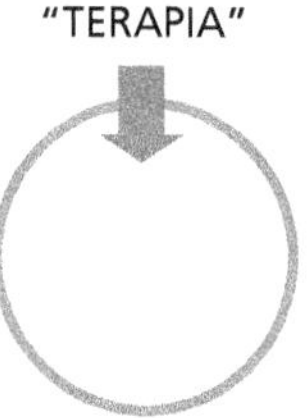

Mapa/matriz de intervenciones

Desde hace más de treinta años, Santiago Lazzati viene aplicando un Modelo de Análisis Organizacional (MAO) que, entre otras aplicaciones, es especialmente empleable para el análisis estratégico de una organización.

Cabe destacar que a principios de la década de los '90 sendas versiones originales de este modelo fueron adoptadas por Arthur Andersen a nivel mundial:

- Para la práctica de auditoría, como un *Business analysis framework* a emplear en la primera fase, *Understand the Business*, de la metodología oficial *The Business Audit*.
- Para la práctica de consultoría, como un *Organization Analysis Model* aplicable a las distintas áreas de la práctica, a fin de que todos los integrantes desarrollen un enfoque sistémico de la organización, más allá de su especialidad. El modelo fue especialmente incluido en un curso de aplicación *firm wide* titulado *Designing effective solutions*.

Dicho Modelo de Análisis Organizacional comprende tres niveles:

9 - pág. 77

I. El primer nivel analiza los *elementos de la organización*, de su entorno y de su evolución en el tiempo, yendo de lo general a lo particular. Además, señala las mutuas relaciones entre dichos elementos. Aquí el enfoque es puramente descriptivo, no evaluativo.

II. El segundo nivel trata la *evaluación del funcionamiento* de la organización. Comprende técnicas de diagnóstico (entrevistas, reuniones, encuestas, etcétera) e instrumentos que facilitan la evaluación.

III. El tercer nivel consiste en un *mapa de las intervenciones* (acciones específicas) que pueden llevarse a cabo para mejorar la organización.

Haciendo cierta analogía entre la organización y el cuerpo humano, podemos decir que dichos niveles equivalen, respectivamente, a la "anatomía", el "chequeo de la salud" y la "terapia" de la organización.

El modelo se ha ido mejorando a lo largo del camino. Una versión anterior fue publicada en el Apéndice del libro *El cambio del comportamiento en el trabajo*, de Santiago Lazzati (Ediciones Granica, 2008).

En el módulo MODELOS DE ANÁLISIS ORGANIZACIONAL – ANÁLISIS COMPARATIVO presentamos una síntesis que compara el MAO con otros modelos. M 31 - pág. 82

31

Modelo de Análisis Organizacional (MAO)

Aplicación a un sector de la organización

- pág. 80

El modelo de análisis organizacional (MAO) aplicable a la organización tomada en conjunto también es aplicable integralmente a cualquier sector de la organización, se trate de una unidad de negocios, una división o departamento, un grupo de trabajo, etcétera.

Encarado un sector en particular, este habrá de tener su entorno y su evolución en el tiempo. El entorno viene dado no solo por el de la organización total, sino también por la parte de la organización externa al sector enfocado. El macroentorno y el ramo del negocio influyen sobre el sector. Y lo mismo ocurre con los propietarios y la comunidad. El sector tiene proveedores, competidores y clientes, ya sean internos o externos respecto de la organización.

El sector tiene su operación (recursos, procesos y productos), sus personas, su información, su arquitectura (estrategia, estructura y sistemas) y sus resultados. Su management reporta a un management superior dentro de la organización, y su desempeño habrá de contribuir al desempeño global de la organización. Con respecto a la estrategia en particular, habrá de tenerse en cuenta lo que decimos en el módulo NIVELES – ESTRATEGIAS SECTORIALES.

- pág. 44

Lo indicado en los párrafos precedentes se refiere no solo a la *anatomía*, sino también al *chequeo de su salud* y a la *terapia*.

Le otorgamos una gran importancia al hecho de que el modelo es aplicable a cualquier sector de la organización. Esta aplicación permite que sea un instrumento valioso para cualquier gerente. Se procura que el gerente preste la debida atención a todos y cada uno de los elementos a su cargo.

Lo antedicho no significa, de manera alguna, que se enfoque el resto de la organización como algo ajeno al sector. Muy por el contrario, el sector debe integrarse al resto de la organización; los objetivos y las acciones del sector deben alinearse con los objetivos y las acciones de superiores y pares; los clientes internos del sector deben encararse como eslabones de una cadena que apunta a los clientes externos de la organización, etcétera.

Modelos de análisis organizacional – Análisis comparativo

MAO
PENTA
7 ESES
DE CONGRUENCIA
ESTRELLA
EFQM

En el módulo MODELO DE ANÁLISIS ORGANIZACIONAL (MAO) presentamos un modelo desarrollado por Santiago Lazzati. En este módulo hacemos un análisis comparativo de dicho modelo con otros modelos de diversos autores, limitado a los elementos básicos componentes de la organización que figuran en los gráficos que sintetizan estos otros módulos.

M 30 - pág. 8

A continuación indicamos las fuentes que hemos utilizado para elaborar el análisis:

- PENTA: *Penta/Innovación,* libro de Alberto Levy (Edicon, 2013), y otras obras del mismo autor.
- 7 ESES: citado en el libro *Las decisiones estratégicas,* de Marcel Planellas y Anna Muni (Conecta, 2015) y en otras obras.
- DE CONGRUENCIA: referenciado en el libro *El diseño de la organización como arma competitiva,* de Nadler y Tushman (Oxford, 1999).
- ESTRELLA (Star Model): tomado del libro *From the ground up*, de Edward E. Lawler II (Jossey-Bass, 1996). Hay también un breve resumen en el Capítulo 1 de *Cómo recompensar la excelencia,* del mismo autor (Norma, 2000).
- FUNDACIÓN EUROPEA PARA LA CALIDAD (EFQM): sitio oficial de la Fundación Europea para la Gestión de la Calidad, disponible en: *http://www.efqm.org.* Modelo referenciado en el libro *Aprendiendo de los mejores*, de Roure y Rodríguez (Gestión 2000, 1999).

En el Anexo de este módulo se ofrece el cuadro comparativo resultante.

ANEXO

MODELOS DE ANÁLISIS ORGANIZACIONAL – CUADRO COMPARATIVO

"MAO" (*) Lazzati	**"PENTA" Levy**	**"7 ESES" McKinsey**	**"DE CONGRUENCIA" Nadler y Tushman**	**"ESTRELLA" Lawer**	**De la Fundación Europea para la Calidad**
Evolución en el tiempo	Tiempo		Historia		
Entorno	Mercados		Entorno		
Personas – General	Cultura Recursos (humanos)	Personal Aptitudes Valores compartidos	Gente Organización informal	Personas Retribuciones	
Dirección / gerencia / liderazgo		Estilo			Liderazgo
Estrategia	Estrategia	Estrategia	Estrategia	Estrategia	Política y estrategia
Estructura	Gestión	Estructura	Org. formal	Estructura	
Sistemas	Gestión	Sistemas	Org. formal	Procesos	Procesos Administración de RRHH
Operación - Recursos, procesos y productos	Recursos		Recursos Tareas		Recursos Procesos
Resultados			Rendimiento		Resultados

(*) Este modelo incluye INFORMACIÓN como un elemento separado. Sin embargo, aquí no se incluye, porque puede darse por cubierta dentro de los RECURSOS (en sentido amplio), es inherente al SISTEMA DE INFORMACIÓN (parte de los sistemas) y además comprende la información sobre los RESULTADOS.

Organización – El negocio y su administración

Negocio	Administración
Especialidad por ramo de actividad	*Conocimiento más genérico*
Personas - Dotación	Personas - Comportamientos
Estrategia - Contenido	Estructura
Operación	Procesos gerenciales
Resultados	Sistemas de información

Dentro de la organización cabe hacer una distinción entre el "negocio" y la "administración", que es interesante con respecto al contenido de la estrategia.

Según el *Diccionario de la lengua española* (RAE), *negocio* es "cualquier ocupación, quehacer o trabajo" (primera acepción); y agrega: "todo lo que es objeto o materia de una ocupación lucrativa o de interés" (tercera acepción). En inglés, la palabra *business* tiene significados similares. Si aplicamos estos conceptos a la organización, se desprende que el negocio radica en la operación, que responde a la estrategia y que genera los resultados. Vale decir que estos tres elementos –estrategia, operación y resultados– configuran los rasgos fundamentales del negocio.

Asimismo, tenemos la "administración" de negocios, empleando el primer término en el sentido amplio que se le otorga en el ámbito académico o educativo, en línea con el original inglés *business administration*; en español también se usa "administración de empresas". La administración así entendida trata cuestiones inherentes a la estructura organizativa, los procesos gerenciales, el sistema de información y el comportamiento de las personas. En este sentido la palabra administración incluye los conceptos de *gerencia* y de *gestión* (en inglés, *management*).

El negocio se ubica en uno o más ramos de actividad. Las operaciones que pertenecen a distintos ramos tienden a ser bien dispares entre sí; e incluso las que corresponden a un mismo ramo pueden ofrecer bastantes diferencias. Por lo tanto, el conocimiento del negocio difiere mucho de un ramo de actividad a otro, y de una organización a otra. La administración, en cambio, si bien varía en función de las características del negocio, ofrece bastantes aspectos comunes entre las organizaciones. Por ello, el conocimiento acerca de la administración abarca un campo significativo que trasciende las peculiaridades de cada negocio.

De las cuestiones estratégicas claves, tres de ellas pertenecen al ámbito del negocio: los objetivos de máximo nivel, las del *output* y las del *input*; en tanto que la cuestión de los cambios organizacionales suele incursionar en gran medida en la problemática de la administración.

M 05 - pág. 30

La distinción entre el negocio y su administración es interesante con respecto a las fusiones y adquisiciones, que por su importancia suelen implicar cuestiones estratégicas claves. En general, la conveniencia de una fusión o adquisición se fundamenta en la posibilidad de generar sinergias entre los negocios de las organizaciones intervinientes: aprovechamiento de la dotación de personal (competencias) o de las condiciones operativas (recursos, procesos y productos), en beneficio de los resultados del conjunto. Sin embargo, tal sinergia puede verse contrarrestada por las dificultades para integrar los respectivos componentes de la administración: la cultura (comportamientos predominantes de las personas, incluyendo el estilo de liderazgo), la estructura organizativa, los procesos gerenciales y los sistemas de información. La experiencia indica que numerosos casos de fusiones o adquisiciones que parecían ventajosos en función de los negocios fracasaron debido a dichas dificultades. En muchos de ellos los conflictos resultantes provocaron el retiro de personas valiosas que no se adaptaron a la nueva situación, generando perjuicios significativos.

Organización – Presente y futuro

M3

Módulo antecede[nte]
29

I. ORGANIZACIÓN ACTUAL - Eficiencia:

→ Resultados actuales

II. CAMBIO ORGANIZACIONAL - Innovación y desarrollo de las personas:

 Sustentabilidad

---

Desde un punto de vista dinámico, los elementos de la organización pueden agruparse de la siguiente forma:

A. La configuración de la organización, integrada por el diseño de la operación, las personas y la arquitectura.

B. Las actividades que realiza la organización: las acciones operativas, el comportamiento de las personas, el flujo de la información y la generación de los resultados.

En tal dinámica, la organización afronta dos grandes desafíos:

I. Lograr los mejores resultados en base a la configuración actual. Aquí es fundamental la eficiencia.

II. Ir transformando la configuración, en mayor o menor grado, para crear las condiciones que habrán de favorecer la sustentabilidad a largo plazo de la organización, incluyendo los resultados futuros. Aquí son claves la innovación y el desarrollo de las personas.

El segundo desafío entraña la gestión del cambio organizacional: M 57 - pág. 1

- Se parte de la "anatomía".
- Se hace el "chequeo de la salud", o sea la evaluación del funcionamiento de la configuración (I) y de las actividades y sus resultados (II).
- Se diseña e implementa la "terapia"; vale decir, las intervenciones sobre la configuración (I), procurando que repercutan positivamente sobre las actividades futuras y sus resultados (II).

La estrategia, con un enfoque sistémico, debe brindar una atención integral a los dos desafíos. Hay personas que se limitan demasiado al primer desafío, descuidando el futuro; y, viceversa, hay quienes exageran su atención al segundo desafío, a expensas de los resultados actuales.

Organización – Sistemas social y técnico

SISTEMA SOCIAL	SISTEMA TÉCNICO
PERSONAS	OPERACIÓN
Información	
Arquitectura	
Resultados	

La organización constituye un sistema socio-técnico, integrado por un sistema social y un sistema técnico. La distinción entre estos dos campos es interesante con respecto al contenido de la estrategia.

El sistema social está compuesto por:

- Las personas y su comportamiento.
- La información acerca de las personas.
- El contenido humano de la arquitectura; o sea, parte de la estrategia, la estructura y los sistemas (fundamentalmente la gestión de los recursos humanos).
- Los aspectos de los resultados que tienen que ver con las personas (por ejemplo, los gastos en capacitación y desarrollo).

El sistema técnico está compuesto por:

- La operación.
- La información acerca del entorno y de la operación.
- El resto de la arquitectura; vale decir, de la estrategia, la estructura y los sistemas (principalmente el planeamiento y control de las operaciones).
- Los resultados, excepto los inherentes a las personas.

Hay quienes, debido principalmente a sus características personales (conocimientos, vocación, personalidad, etc.), tienden a darle más importancia al sistema social. Otros, por el contrario, se inclinan a otorgar más relevancia al sistema técnico. Ambas tendencias suelen afectar la identificación de las cuestiones estratégicas claves, inclinando indebidamente el énfasis en un sentido o en otro.

Análisis del campo de fuerzas

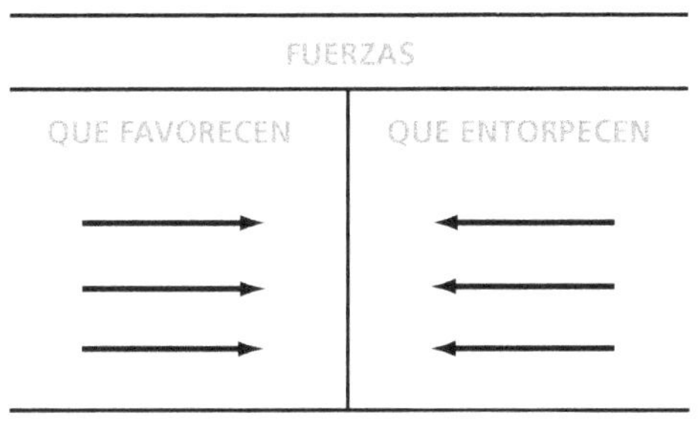

El "análisis del campo de fuerzas" es un método desarrollado por Kurt Lewin aplicable al proceso de planeamiento estratégico. El método consiste en lo siguiente:

- Identificar por un lado las fuerzas que favorecen el cambio (o impulsoras o positivas), y por otro lado las que lo entorpecen (o represoras o negativas).
- Ponderar la influencia relativa de dichas fuerzas.
- Desarrollar los cursos de acción específicos que dirijan el cambio en el rumbo elegido.

La identificación se suele registrar en una hoja con una línea al medio, colocando a la izquierda las fuerzas que favorecen y a la derecha las que entorpecen. Para resaltar el sentido de las fuerzas, a cada una de las que favorecen se le agrega una flecha hacia la derecha, y a las que entorpecen una hacia la izquierda.

Cabe expresar la ponderación de la influencia relativa asignando puntaje a cada fuerza.

Los cursos de acción pueden ser:

- Reducir o eliminar las fuerzas que entorpecen.
- Potenciar las fuerzas que favorecen.
- Generar nuevas fuerzas que favorezcan.
- Una combinación de lo anterior.

La experiencia ha demostrado que si aumentan las fuerzas que favorecen, existe la probabilidad de que ello produzca una reacción contraria –o sea, un incremento en las fuerzas que entorpecen–. Por ello suele ser una buena estrategia reducir o eliminar las fuerzas que entorpecen.

Benchmarking y best practices

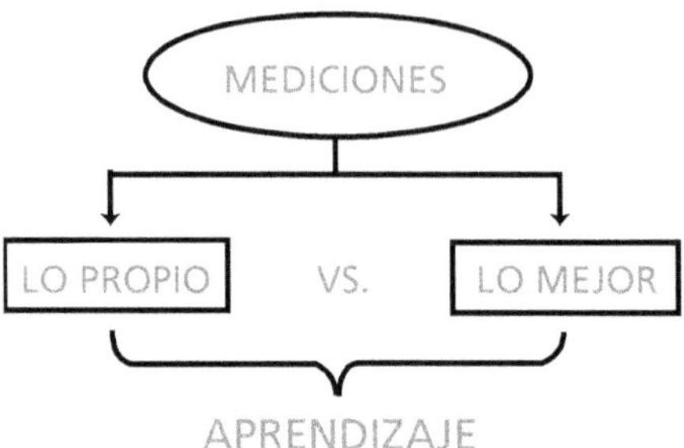

Benchmarking es el proceso continuo de medir productos, servicios y prácticas contra los competidores más fuertes o aquellas compañías reconocidas como líderes en su ramo de actividad (*industry leaders*). Brinda información útil para el análisis interno como parte del proceso de planeamiento estratégico.

El *benchmarking* se inició en Xerox en 1979, cuando esta compañía comenzó a perder mercado frente a nuevos competidores japoneses que de alguna manera podían vender copiadoras a un precio menor que Xerox. Algo había que hacer, y rápido. Entonces Xerox aplicó una simple idea que tuvo mucho que ver con su recuperación competitiva: identificar e implementar las mejores prácticas del mundo.

Cuando una empresa realiza *benchmarking* toma como modelo ciertas prácticas de otra empresa. Esta empresa modelo puede ser:

1. Una empresa competidora.
2. Una empresa de otro ramo de actividad que se destaca por la calidad y productividad de ciertos procesos.
3. Una empresa del mismo grupo que reúne las características indicadas en 2.

El *benchmarking* con una empresa competidora tropieza con la dificultad de conseguir la información. Sin embargo, hay experiencias en las cuales empresas competidoras se han puesto de acuerdo en intercambiar determinada información. La idea es que los beneficios del intercambio acordado generan ventajas que superan los riesgos que puede significar el suministro de la información.

El *benchmarking* con una empresa de otro ramo de actividad puede ser muy útil respecto de ciertas prácticas. Por ejemplo, Xerox obtuvo de GL Bean ideas para mejorar sus operaciones de almacenaje y distribución de mercaderías.

El *benchmarking* pretende conocer las mediciones de la empresa modelo para compararlas con las de la propia empresa y sobre esa base fijar objetivos específicos de mejoramiento. Pero el conocimiento de tales mediciones debe ir acompañado del entendimiento acerca de cómo la empresa modelo hace las cosas para lograr ese desempeño; o sea, cuál es la causa de sus resultados exitosos. Esto nos lleva al concepto de *best practices*, que hace referencia a la mejor manera de ejecutar un proceso. Sin información sobre *best practices*, el *benchmarking* carece de mayor utilidad.

38 Cadena de medios-fines

La cadena de medios-fines constituye una herramienta de análisis aplicable al proceso de planeamiento estratégico, incluyendo la integración entre el planeamiento estratégico de distintos niveles de la organización. A continuación haremos una descripción de dicha herramienta.

Muchas veces se plantea la duda acerca de si algo es un medio o es un fin. Pero a medida que se profundiza el análisis se percibe con más claridad que, en términos absolutos, virtualmente nada es un medio o un fin; que algo es un medio con relación a objetivos superiores, y que asimismo es un fin respecto de los instrumentos para lograr ese algo. Lo antedicho implica que para cualquier planteo puede elaborarse una cadena de medios-fines. Esta elaboración puede ser bastante útil para enfocar la problemática, clarificar objetivos, generar alternativas, etc.

Supongamos que comenzamos exponiendo un problema: *los costos son demasiado altos*, que es expresable en términos de un objetivo: *reducir los costos*. Entonces podemos plantearnos dos preguntas: *¿para qué deseamos reducir los costos?* y *¿cómo podemos hacerlo?* Pueden darse respuestas como las siguientes:

- (PARA QUÉ) *Aumentar las ganancias.*
- (CÓMO) *Mejorar la eficiencia de los procesos productivos.*

La respuesta a la pregunta PARA QUÉ nos lleva a un objetivo de nivel superior; si convencionalmente decimos que el objetivo de reducir los costos pertenece a un nivel 10, el de aumentar las ganancias correspondería a un nivel 11. Por el contrario, la respuesta a la pregunta CÓMO nos lleva a un objetivo de nivel inferior, en el ejemplo digamos 9.

Dadas las respectivas respuestas a PARA QUÉ y CÓMO, estos mismos interrogantes pueden volver a formularse, dando lugar a la identificación de objetivos de nivel superior e inferior, respectivamente. Continuando con los ejemplos:

- El PARA QUÉ de aumentar las ganancias podría ser *incrementar el retorno de la inversión* (nivel 12).

- El CÓMO de mejorar la eficiencia de los procesos podría ser *incorporar nueva tecnología* (nivel 8).

Y cabe proseguir para arriba y para abajo. Por ejemplo:

- El PARA QUÉ de incrementar el retorno de la inversión podría ser *pagar mayores dividendos a los accionistas* (nivel 13).
- El CÓMO de incorporar nueva tecnología podría ser *desarrollar internamente la tecnología necesaria* (nivel 7).

Tal proceso ofrece la posibilidad de reconocer objetivos de niveles 14, 15, etc. (respuestas a PARA QUÉ) y de niveles 6, 5, etc. (respuestas a CÓMO). Con los ejemplos precedentes se ha formado una cadena de objetivos que va desde el nivel 13 al 7, o viceversa (pudiendo expandirse aún más tanto hacia arriba como hacia abajo). Pero ahora nótese que cualquiera de dichos objetivos representa un PARA QUÉ o un CÓMO, dependiendo de su punto de referencia, a saber:

- El objetivo 13, pagar mayores dividendos, es un PARA QUÉ respecto del 12, pero podría ser un CÓMO con relación a un objetivo superior; por ejemplo, *responder a la preferencia de los accionistas* (nivel 14).
- Lo mismo ocurre con el 12, que constituye un PARA QUÉ del 11 y al mismo tiempo un CÓMO del 13; y así sucesivamente.

Por otra parte, la pregunta CÓMO abre la puerta a la concepción de caminos alternativos. En el apéndice de este módulo incluimos un cuadro que ilustra este fenómeno a partir de los ejemplos traídos y agregando posibles CÓMO alternativos.

En síntesis, la elaboración de una cadena de medios-fines se basa en la formulación de dos preguntas: PARA QUÉ, a efectos de ir hacia arriba, y CÓMO, a efectos de ir hacia abajo. Por lo tanto, la mecánica es relativamente simple.

La observación de la cadena de medios-fines nos lleva a una conclusión: no es tan importante definir por dónde empezamos el análisis, sino dónde "lo cortamos". En efecto, cualquiera sea el punto de partida, si desarrollamos la cadena adecuadamente, llegaremos más o menos a la misma estructura. En cambio, el corte puede traer aparejadas cuestiones complejas, tanto arriba como abajo. Si seguimos preguntando PARA QUÉ nos acercaremos a objetivos cada vez más trascendentes, pero también cada vez más generales, y esto implica la posibilidad de diluirnos en el análisis. Por otra parte, si continuamos preguntando CÓMO, aunque precisemos las acciones a tomar, podemos caer en un grado de detalle inadecuado para nuestra función. En cada situación, la decisión de dónde cortar el análisis, tanto arriba como abajo, habrá de depender de las circunstancias.

Consideremos ahora algunas de las ventajas de la cadena de medios-fines:

1. Ayuda a relacionar un objetivo de un determinado nivel con otro de un nivel más alto. De esta manera se amplía la visión y se tiende a que la solución de

los problemas contribuya al logro de los objetivos fundamentales de la organización. Por ejemplo, evita enfocar la tecnología como un fin en sí mismo y la convierte en un medio para lograr un fin.

2. Estimula el desarrollo de alternativas.
3. Ayuda a transformar objetivos generales en acciones específicas realizables.
4. Pone de manifiesto las interrelaciones que deben ser consideradas. Por ejemplo, podríamos considerar una inversión importante en equipos para mejorar los métodos de trabajo, aumentando de este modo la eficiencia y, por consiguiente, disminuyendo los costos. Sin embargo, teniendo en cuenta nuestra intención de reducir la inversión como un medio para aumentar su retorno, podríamos decidir que la opción de invertir en equipos no es la mejor.
5. Contribuye a delimitar la información que debe reunirse y ayuda a proveer un sistema para su organización.

Sin perjuicio de las ventajas de la cadena de medios-fines, debemos aclarar sus limitaciones:

1. La cadena en sí misma no implica la evaluación de los objetivos ni de las alternativas, si bien puede ayudar a tal fin.
2. El enlace con objetivos de nivel superior tiende a complicarse por la existencia de objetivos contradictorios. Por ejemplo, la realización de una inversión puede favorecer el crecimiento a largo plazo, pero perjudicar la rentabilidad a corto plazo. Esto deriva en una intrincada red que puede adquirir características sumamente complejas.

CADENA DE MEDIOS-FINES

EJEMPLO

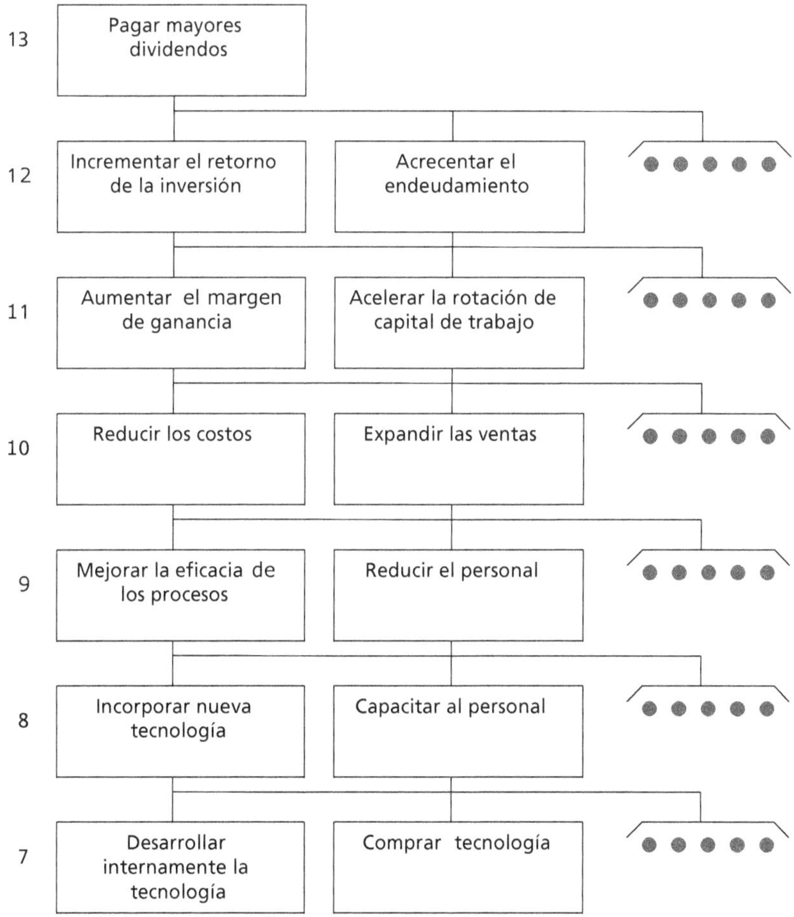

Nivel			
13	Pagar mayores dividendos		
12	Incrementar el retorno de la inversión	Acrecentar el endeudamiento	• • • • •
11	Aumentar el margen de ganancia	Acelerar la rotación de capital de trabajo	• • • • •
10	Reducir los costos	Expandir las ventas	• • • • •
9	Mejorar la eficacia de los procesos	Reducir el personal	• • • • •
8	Incorporar nueva tecnología	Capacitar al personal	• • • • •
7	Desarrollar internamente la tecnología	Comprar tecnología	• • • • •

Cadena de valor según Porter

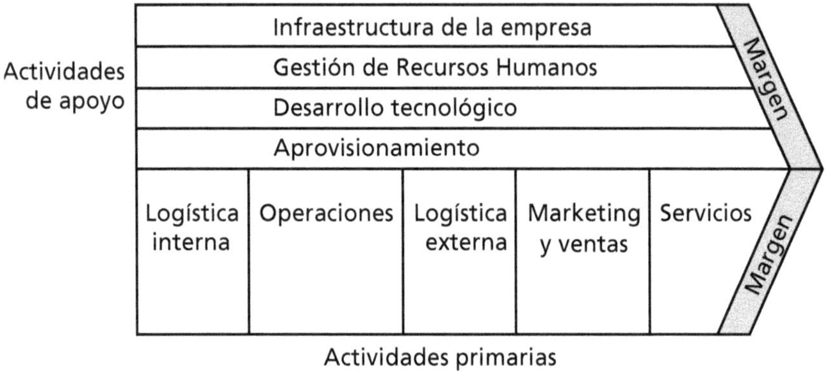

Michael Porter presentó, en su libro *Ventaja Competitiva* (CECSA, 1987), el concepto de "cadena de valor": una empresa es una sucesión de procesos, que se dividen en sub-procesos, en actividades y luego en tareas. Cada proceso y cada actividad tienen que aportar valor. Se debe tener presente que la cadena de valor de una empresa forma parte de un sistema de valor más amplio que incluye a los proveedores y clientes.

Los procesos se clasifican en dos grupos: procesos primarios o centrales y procesos de apoyo.

Los procesos primarios son aquellos que están en contacto directo con el producto o servicio. Se trata de la creación física, de su transporte, de su venta y de la asistencia posterior a la venta. En su propuesta genérica, Porter incluye la logística (interna y externa), operaciones, marketing, ventas y servicio. Los procesos primarios son diferentes según la industria en que se desarrolla la empresa. Por ejemplo, los procesos primarios de una compañía manufacturera son distintos a los de un banco o una empresa comercial.

Los procesos de apoyo sustentan a los procesos primarios, además de asistirse entre sí. Se trata de las compras (abastecimiento), la tecnología requerida (desarrollo tecnológico), los recursos humanos, las finanzas, la contabilidad, los asuntos legales, etc. En general, los procesos de apoyo son bastante similares en diferentes industrias.

A los procesos citados, que reflejan el costo de la empresa, se le agrega el margen. Ello determina el valor percibido por los clientes, lo que están dispuestos a pagar por los productos o servicios de la compañía. Si efectivamente hay una creación de valor, el margen será positivo.

La cadena de valor analiza las actividades estratégicas de la empresa para comprender sus costos y las fuentes de diferenciación existentes y potenciales.

Las empresas analizan su cadena de valor para identificar posibilidades de mejora. Entre ellas, podemos destacar iniciativas de reingeniería de procesos, reestructuraciones, rediseño de actividades, tercerización de actividades, incorporación de tecnología, etc. También analizan los recursos que consumen las actividades, especialmente aquellas que no aportan valor desde el punto de vista del cliente, actividades muy fragmentadas, etc.

La cadena de valor corresponde a lo que en el módulo ANATOMÍA DE LA ORGANIZACIÓN denominamos "procesos operativos".

M 29 - **pág. 77**

Ciclo de vida del producto

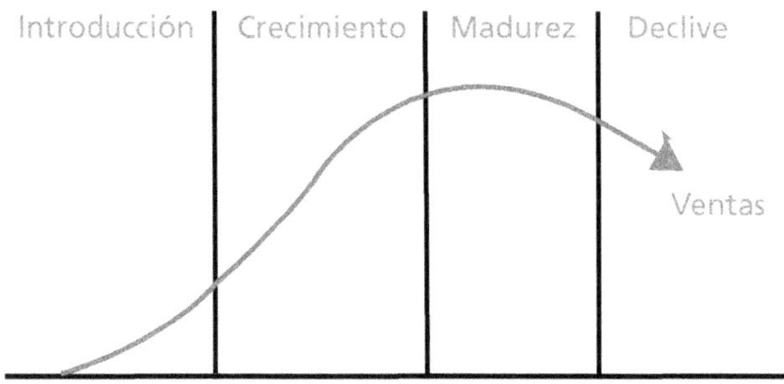

La expresión fue utilizada por primera vez por Theodore Levitt en 1965 en un artículo de la revista *Harvard Business Review*: "Explote el ciclo de vida del producto".

El ciclo de vida del producto es el proceso cronológico que transcurre desde su lanzamiento al mercado hasta su desaparición. Se suele representar con el gráfico que muestra la evolución de las ventas en las distintas etapas. En cada etapa cambia el comportamiento del mercado, la situación del entorno y la competencia. Estos cambios condicionan la estrategia de producción, comercialización, marketing, etcétera.

Las etapas son las siguientes:

Introducción o Nacimiento
El producto es lanzado al mercado. Las ventas son bajas y avanzan lentamente. No existen competidores, o hay muy pocos. Los clientes más innovadores serán los que adquieran el producto. Los precios suelen ser altos debido a la baja oferta. Los gastos de publicidad y distribución suelen ser altos. Las utilidades son negativas o muy bajas.

Crecimiento
El producto ha tenido aceptación en el mercado. Las ventas aumentan rápidamente. La competencia se intensifica, aumentan los puntos de venta y aparecen nuevos canales de distribución. Se diversifica la producción realizando varios modelos o variantes. La publicidad se dirige hacia el mercado en general. Las utilidades crecen rápidamente.

Madurez
Es la etapa más larga del ciclo de vida. Las ventas se mantienen y se llega al punto en que la producción no puede aumentar más; incluso se deben reducir costos para mantener las utilidades. Se aplican estrategias para mantener con vida el producto: mejoras, nuevos usos, nuevos clientes, etc. La competencia en

precios es intensa. Los competidores más débiles desaparecen. La inversión en publicidad es moderada y busca diferenciarse de los competidores. Las utilidades comienzan a declinar.

Declive
Se produce una reducción de ventas. Las empresas buscan reducir costos para compensar la reducción de los precios de venta. La publicidad solo se utiliza para comunicar los menores precios de venta. La empresa intenta extender el ciclo de vida del producto, a través de diferentes estrategias: relanzamientos, cambios en el producto, nuevos hábitos de consumo, etc. Si no lo logra, se abandona el producto. Las utilidades se vuelven negativas.

Curva de experiencia

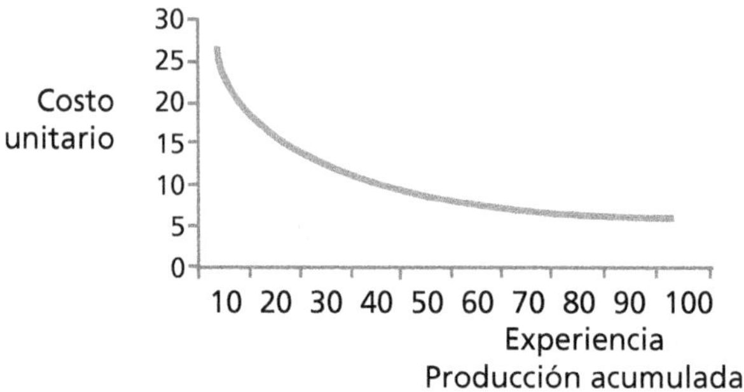

Este concepto fue difundido por el Boston Consulting Group. Si analizamos la producción industrial de bienes estandarizados encontramos que el costo de producción baja a medida que agregamos experiencia. El costo unitario del valor agregado de un producto homogéneo, medido en unidades monetarias constantes, disminuye en un porcentaje regular a cada duplicación de la experiencia. No se refiere al costo en relación a las unidades producidas en un período, sino al costo con relación a las unidades producidas acumuladas.

Naturalmente los costos descienden más lentamente que la experiencia acumulada. Ello se debe a que a medida que una categoría de productos madura se hace cada vez más difícil lograr reducciones importantes en los costos. Por un lado, es más difícil duplicar las ventas de un producto maduro que duplicarlas en el caso de un nuevo producto o servicio, y por otro lado es más difícil encontrar nuevos puntos o aspectos de mejoramiento en un producto que se encuentra en sus etapas finales.

El efecto de la experiencia se puede explicar por distintas causas. Por un lado, el aprendizaje de los trabajadores: a medida que un trabajador aprende a realizar mejor y más rápido su trabajo, incrementa su productividad. La ley de Wright expresa: "Para cualquier operación que se repita, el tiempo medio necesario para la operación disminuirá en una fracción fija conforme se duplique el número de repeticiones". Por otra parte, la experiencia acumulada permite la innovación en los equipos de producción, la mejora de los materiales, la estandarización y el rediseño de los productos. Todo esto requiere la atención activa de la Dirección, pues los efectos de la experiencia no se producen por sí solos.

Las implicaciones estratégicas son claras: la empresa debe acumular experiencia, incrementando sus volúmenes de venta, por lo menos con tanta rapidez como las demás empresas del sector. Si no lo hace, tendrá dificultades dado que sus costos serán más altos.

Una empresa que disfruta de los efectos de la curva de experiencia debe estimar las disminuciones futuras de sus costos y reducir sus precios anticipando esas disminuciones.

La fijación de precios en función de la curva de experiencia permitirá a una empresa obtener una cuota de mercado dominante, aumentar su volumen acumulado, y reducir sus costos más deprisa que sus competidores.

Además, cuando la empresa ha establecido una ventaja en costos significativa a partir de su experiencia frente a sus rivales más lentos, puede utilizar esa ventaja para igualar cualquier precio competitivo, manteniendo así su liderazgo en volumen y sosteniendo la ventaja en forma indefinida.

Por otra parte, debe tenerse presente que la innovación y el cambio tecnológico pueden anular la ventaja obtenida por una empresa en función de su experiencia.

Curva de la ballena

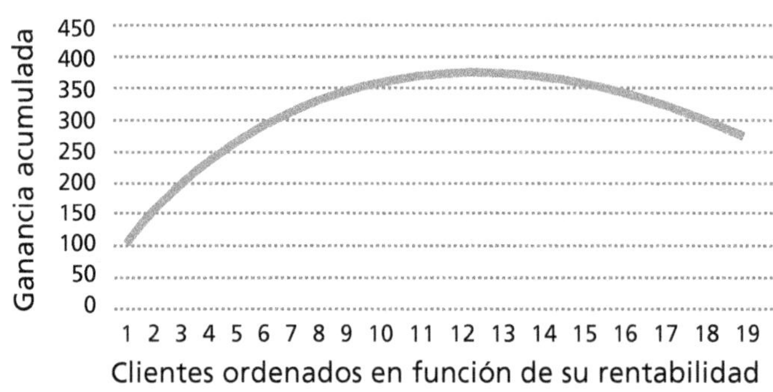

La "curva de la ballena" es un instrumento analítico que facilita la visualización de la rentabilidad de cada uno de los clientes y su efecto en la rentabilidad total, lo cual sirve de base para adoptar las estrategias diferenciales correspondientes.

Dicho instrumento implica un gráfico que comprende dos ejes:

- El eje horizontal identifica cada uno de los clientes ordenados de izquierda a derecha en función de la ganancia que generan, partiendo del de mayor ganancia y terminando con el de menor ganancia, que de arrojar pérdida sería el de mayor pérdida.
- El eje vertical indica la ganancia acumulada de la siguiente manera: para el primer cliente, la ganancia que él genera; para el segundo cliente, la ganancia acumulada de este más la del primero; para el tercer cliente, la ganancia acumulada por estos tres, y así sucesivamente.

Dichas ganancias acumuladas van configurando una curva ascendente, pero a una tasa de crecimiento descendente, hasta llegar al primer cliente que genera pérdida, punto de inflexión en donde la curva comienza a descender, porque las pérdidas de los clientes sucesivos van reduciendo la ganancia acumulada.

Para determinar la ganancia de cada cliente se pueden computar los resultados del último año. Corresponde determinar la ganancia neta de gastos directos e indirectos computables. Para esto puede ser conveniente emplear técnicas como la del "costeo basado en actividades" (ABC) o similares.

El espacio que surge de los dos ejes puede dividirse en tres partes:

A. La de la izquierda, representativa de los clientes de mayor rentabilidad.

B. La del medio, representativa de clientes que no impactan mayormente en la rentabilidad total.

C. La de la derecha, representativa de los clientes que generan pérdida.

Puede ocurrir que la ganancia conjunta de los clientes indicados en B sea menor que la pérdida conjunta de los clientes indicados en C. En este caso, la ganancia conjunta de los clientes indicados en A habrá de ser mayor que la ganancia total de la empresa.

Con esta información la empresa estará en mejores condiciones para tomar decisiones de precios, promociones, bonificaciones, niveles de servicio a entregar, etc. Normalmente aparecen "sorpresas": clientes a los que la empresa dedica mucha atención aparecen en el sector de clientes perdidosos.

43 Fuerzas competitivas según Porter

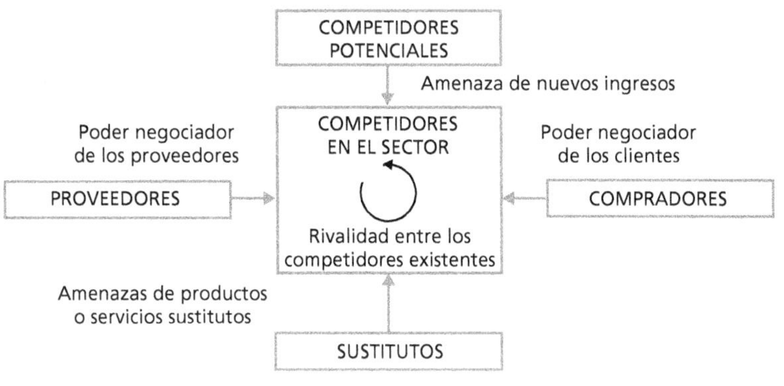

Michael Porter presentó, en su libro *Estrategia Competitiva* (CECSA, 1982), el análisis de las cinco fuerzas competitivas que determinan la rentabilidad de un sector. Ellas son:

- Rivalidad actual en el sector.
- Amenaza de nuevos competidores.
- Amenaza de productos sustitutos.
- Poder de negociación de los clientes.
- Poder de negociación de los proveedores.

La rivalidad de un sector es mayor si se dan algunas de estas condiciones:

- Gran número de competidores.
- Existencia de competidores equilibrados, dado que empresas de tamaño y capacidades similares suponen que tienen la posibilidad de superar al resto.
- Baja tasa de crecimiento del sector, que impulsa a las empresas a atacar a sus competidores para obtener una buena tasa de crecimiento.
- Altos costos fijos, que inducen a las empresas a buscar mayores ventas para cubrirlos.
- Baja diferenciación, en donde el precio es esencial para conseguir las ventas.
- Bajos costos de cambio de proveedor.
- Capacidad ociosa.
- Competidores que poseen otros intereses estratégicos.
- Altas barreras de salida del sector.

La amenaza de nuevos ingresos estará determinada por las barreras de entrada al sector, la reacción esperada de las empresas que allí compiten y el crecimiento del sector. Las barreras de entrada pueden ser: economías de escala, experiencia, diferenciación, necesidad de capital, costos de cambio, acceso a los canales de distribución, patentes, acceso favorable a materias primas, ubicaciones, subsidios, regulaciones, etc. La reacción esperada de las empresas del sector debe considerar la historia de los últimos ingresos. Naturalmente la tasa de crecimiento del sector es esencial para evaluar las resistencias a nuevos competidores.

Cuando hablamos de productos sustitutos nos referimos a aquellos que satisfacen las mismas necesidades que los existentes. Para valorar la amenaza debe considerarse la relación precio-calidad, los recursos de que disponen, la existencia de costos de cambio entre los productos actuales y los sustitutivos, y la propensión del usuario a sustituir.

El poder de negociación de clientes y proveedores determinará cómo se distribuye la rentabilidad del sector. Para entender el poder de negociación de estos actores debemos considerar la concentración de empresas (a mayor concentración, mayor poder de negociación), la existencia de productos sustitutos, el porcentaje de las compras o ventas de un actor que se dirige al sector, etc. La rentabilidad, la diferenciación, los costos de cambio y la amenaza de una integración vertical inciden sustancialmente en el poder de negociación.

Grupos estratégicos

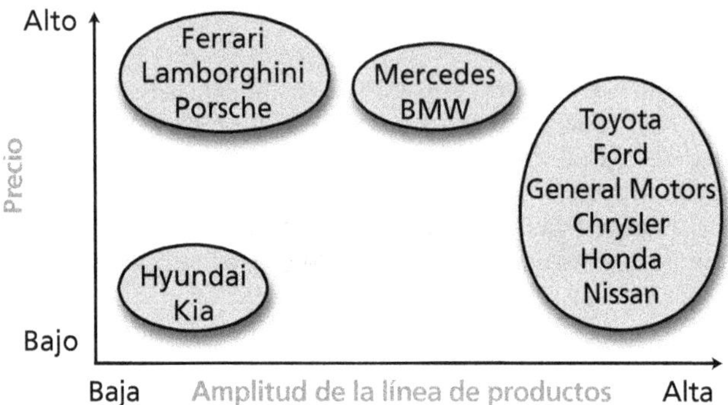

Este concepto fue popularizado por Michael Porter en su libro *Estrategia Competitiva* (CECSA, 1982). Un grupo estratégico es un conjunto de empresas de un sector industrial que siguen una estrategia similar en distintas dimensiones estratégicas, como la línea de productos, el alcance geográfico, los canales de distribución, la política de precios, la tecnología, etc.

El primer paso del análisis estructural de un sector consiste en caracterizar las estrategias de todos los competidores importantes con relación a las dimensiones anteriores. Esto nos permite clasificar la industria en grupos estratégicos. Los grupos estratégicos surgen porque las empresas que forman parte de ellos tienen objetivos similares, capacidades parecidas, supuestos similares sobre el funcionamiento del mercado y experiencias análogas. Por todos estos motivos, la estrategia de todas las empresas dentro del grupo resulta similar. La identificación de los grupos estratégicos pasa por la previa identificación de las variables o dimensiones estratégicas que permitan definir las características específicas de las empresas de cada grupo.

El grupo estratégico es una herramienta analítica cuyo fin es el análisis estructural. Constituye un marco de referencia intermedio entre el análisis del sector en su conjunto y el análisis de la empresa en particular.

Identificar grupos estratégicos es útil cuando existen muchos competidores. En efecto, el concepto permite extraer conclusiones en el análisis de los sectores industriales (¿hacia dónde se están moviendo los competidores?) y de los escenarios (¿dónde se ubicarían los distintos grupos en un escenario y qué camino deberán recorrer para llegar a esa posición?).

En general, las empresas de un mismo grupo estratégico tienen rentabilidades similares. Las diferencias en la estrategia que quedan en evidencia a través del análisis de los grupos estratégicos pueden permitirnos comprender por qué alguna empresa del grupo tiene una rentabilidad distinta de las otras. Los grupos estratégicos son un concepto sencillo de comprender. Se trata, además, de una herramienta muy gráfica. Es posible confeccionar mapas de grupos estratégicos, donde queda claro cómo están ubicados los distintos grupos en una serie de variables estratégicas, y hacia dónde pueden evolucionar.

Lienzo del modelo de negocio

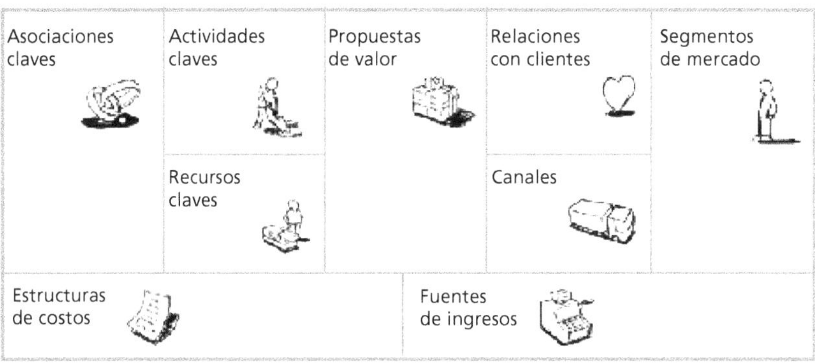

Esta herramienta fue desarrollada por el consultor suizo Alexander Osterwalder y describe de manera lógica la forma en que las organizaciones crean, entregan y capturan valor.

La parte derecha incluye:

- *Segmento de clientes.* Identifica los segmentos de clientes objetivo del negocio. M 08 - pág. 3 Se trata de agrupar a los clientes con características homogéneas en segmentos definidos y describir sus necesidades, averiguar información geográfica y demográfica, gustos, etc. Posteriormente se ubica a los clientes actuales en los diferentes segmentos, para finalmente tener alguna estimación del crecimiento potencial de cada grupo.
- *Propuesta de valor.* Identifica la propuesta de valor para cada segmento de clientes. M 16 - pág. 5 El objetivo es definir el valor creado describiendo los respectivos productos y servicios que se ofrecen. Estas primeras dos partes constituyen el núcleo del modelo de negocio.
- *Canales.* Identifica los medios para hacer llegar la propuesta de valor al segmento de clientes objetivo. Se resuelve la manera en que se establece contacto con los clientes. Se consideran variables como la información, evaluación, compra, entrega y posventa. Para cada producto o servicio que se haya identificado en el paso anterior hay que definir el canal adecuado, añadiendo como información la *ratio* de éxito del canal y la eficiencia de su costo.
- *Relación con clientes.* Determina dónde comienza y dónde termina esta relación. Se identifica qué recursos de tiempo y monetarios se utilizan para mantenerse en contacto con los clientes. Por lo general, si un producto o servicio tiene un costo alto, entonces los clientes esperan tener una relación más cercana con la empresa.
- *Flujo de ingresos.* Identifica los flujos de ingresos, en primer lugar todas las posibilidades, y luego se van seleccionando en función de lo que el cliente está

dispuesto a pagar. Este paso tiene como objetivo identificar qué aportación monetaria hace cada grupo e identificar de dónde provienen las entradas (ventas, comisiones, licencias, etc.). Así se podrá tener una visión global de cuáles grupos son más rentables y cuáles no.

Luego analiza internamente la empresa (parte izquierda):

- *Recursos claves.* Identifica los recursos necesarios para llevar a cabo la actividad de la empresa. Pueden ser físicos, económicos, humanos o intelectuales. Luego de haber trabajado con los clientes, hay que centrarse en la empresa. Para ello, hay que utilizar los datos obtenidos anteriormente, seleccionar la propuesta de valor más importante y la relación con el segmento de clientes, los canales de distribución, las relaciones con los clientes, y los flujos de ingresos. De esta manera se conocen los recursos claves que intervienen para que la empresa tenga la capacidad de entregar su oferta o propuesta de valor.

- *Actividades claves.* Identifica las actividades centrales para la empresa. La empresa se dedicará a dichas actividades. El resto, que aporta menos valor, puede subcontratarse. En esta etapa es fundamental saber qué es lo más importante a realizar para que el modelo de negocios funcione. Utilizando la propuesta de valor más importante, los canales de distribución y las relaciones con los clientes, se definen las actividades necesarias para entregar la oferta. En este orden es útil analizar las actividades aplicando la cadena de valor según Porter. - pág. 96

- *Asociaciones claves.* Enumera los agentes con los que deberá trabajar para hacer posible el funcionamiento del modelo de negocio (alianzas estratégicas, - pág. 24 proveedores, etc). Es fundamental realizar alianzas estratégicas entre empresas, gobierno, proveedores, etc. En este apartado se describe a los proveedores, socios y asociados - pág. 24 con quienes se trabaja para que la empresa funcione. ¿Qué tan importantes son? ¿Se pueden reemplazar? ¿Pueden convertirse en competidores?

- *Estructura de costos.* A partir de lo anterior, determina los costos que tendrá la empresa. Se identifican los costos específicos (marketing, R&D, CRM, producción, etc.) y luego se relaciona cada costo con los bloques definidos anteriormente, evitando generar demasiada complejidad. Cabe seguir el rastro de cada costo en relación con cada segmento de cliente para analizar su rentabilidad.

Mapas estratégicos

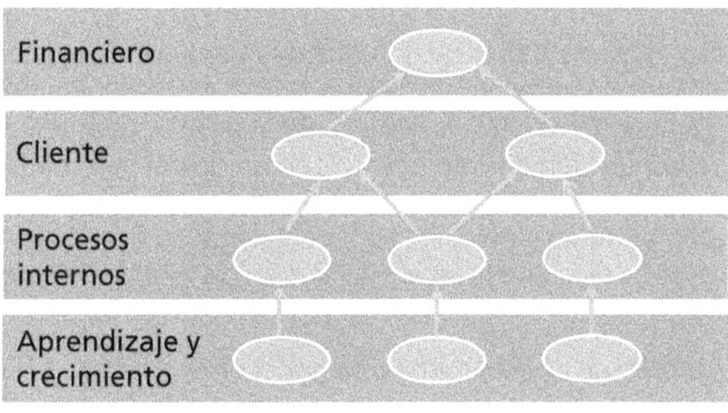

El concepto de mapas estratégicos fue desarrollado por Robert S. Kaplan y David P. Norton en el libro *Mapas Estratégicos* (Gestión 2000, 2004). Había sido introducido por los mismos autores en un libro anterior, *Cuadro de Mando Integral*.

Gran parte de la información contenida en los mapas estratégicos se relaciona con los activos intangibles, que en la actualidad han ido adquiriendo una importancia relativa creciente, en comparación con los activos tangibles. De allí la relevancia actual de los mapas estratégicos.

Los mapas estratégicos proporcionan un marco para ilustrar de qué forma la estrategia vincula los activos intangibles con los procesos de creación de valor. Este marco se estructura habitualmente en cuatro perspectivas: la financiera, la del cliente, la de los procesos internos y la del aprendizaje y desarrollo, estructura que implica una cascada de relaciones de causa-efecto:

- Los ingresos provenientes del cliente proporcionan los resultados financieros.
- A su vez, la calidad, la productividad y la innovación de los procesos internos impactan en dichos ingresos.
- Y, en última instancia, el grado de aprendizaje y desarrollo (capital humano, capital de información y capital organizacional) influye sobre dichas condiciones de los procesos internos.

Las perspectivas señaladas y sus relaciones de causa-efecto sirven de base para identificar los indicadores de desempeño, que configuran el tablero de comandos de la organización. M 63 - pág. 14

De tal manera, los mapas estratégicos ayudan para aclarar la lógica de cómo crear valor, para qué y cómo controlarlo.

En los párrafos siguientes resumimos aspectos destacables de la creación de valor correspondientes a los activos intangibles:

- *La creación de valor es indirecta.* Los activos intangibles pocas veces afectan directamente los resultados financieros. Las mejoras de los activos intangibles afectan a los resultados financieros a través de las cadenas de relaciones causa-efecto. Por ejemplo, la adquisición de competencias por parte del personal de la empresa podría mejorar la calidad de los procesos de relacionamiento con los clientes, que incrementarían su satisfacción y, por consiguiente, su fidelidad hacia la empresa. Esa mayor fidelidad podría dar lugar a mayores ventas y mejores resultados financieros.
- *El valor es contextual.* El valor de un activo intangible depende de su alineamiento con la estrategia. Por ejemplo, la capacitación de los empleados en técnicas de reducción de ineficiencias tiene mayor impacto para una empresa que aplica una estrategia de bajo costo que para otra que tiene una estrategia de diferenciación.
- *El valor es potencial.* Los procesos internos tienen el rol de transformar el valor potencial de los activos intangibles en valores tangibles, siempre y cuando se encuentren alineados con los objetivos de los clientes y los financieros.
- *Los activos están agrupados.* Los activos intangibles rara vez crean valor por sí mismos. El valor aparece cuando se combinan eficazmente con otros activos, tanto tangibles como intangibles.

Matriz BCG

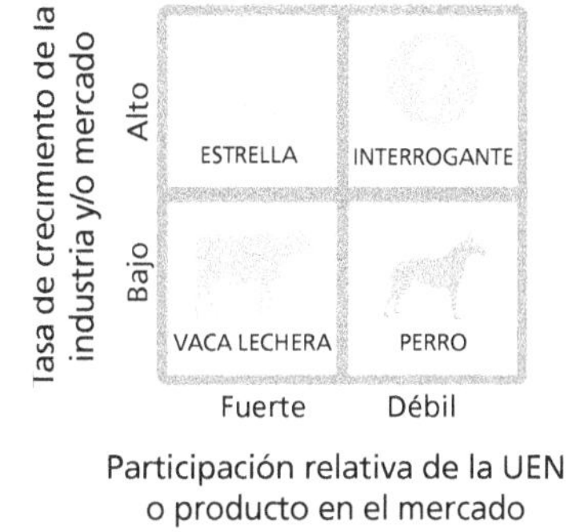

Tasa de crecimiento de la industria y/o mercado		Fuerte	Débil
	Alto	ESTRELLA	INTERROGANTE
	Bajo	VACA LECHERA	PERRO

Participación relativa de la UEN o producto en el mercado

La matriz de crecimiento-participación fue desarrollada por la consultora Boston Consulting Group (BCG) en la década de 1970. Es más conocida como Matriz BCG. Permite realizar un análisis estratégico del portafolio de una empresa sobre la base de dos ejes:

- El eje vertical corresponde a la tasa de crecimiento de la industria o mercado en el cual opera la unidad de negocios.
- El eje horizontal corresponde a la participación, o sea la cuota de mercado de la unidad de negocios en ese mercado.

La matriz está compuesta esencialmente de cuatro cuadrantes, los que demandan diferentes estrategias a desarrollar. Cada uno de estos cuadrantes está simbolizado por una figura. Son los siguientes:

Estrellas. Son negocios situados en mercados con rápido crecimiento y que tienen una importante cuota de mercado. Las estrellas son esencialmente generadoras de efectivo, pero demandan una importante inversión. Se recomienda potenciar estos negocios hasta que el mercado se vuelva maduro, y se conviertan en *vaca*. Sin embargo, no todas las *estrellas* se convierten en generadoras de efectivo. En industrias que cambian rápidamente, puede ocurrir que una *estrella* se convierta en *perro*.

Interrogantes. Son negocios en mercados de rápido crecimiento y con una cuota de mercado pequeña. Hay que evaluar la estrategia de dichos negocios. Tienen potencial para ganar cuota de mercado y convertirse en *estrellas*. Los signos de interrogación no siempre tienen éxito e incluso después de gran cantidad de inversiones pueden transformarse en *perros*. Por lo tanto, requieren mucha consideración para decidir si vale la pena invertir o no.

Vacas lecheras. Son negocios que tienen una importante participación en un mercado de bajo crecimiento. Son productos rentables, generadores de efectivo y que requieren baja inversión. Son "ordeñados" para proporcionar fondos destinados a invertir en *estrellas*.

Perros. Son negocios que tienen baja cuota de mercado y operan en un mercado de bajo crecimiento. No conviene invertir en ellos ya que generan rendimientos bajos o pérdidas. Generalmente son negocios o productos que se encuentran en su última etapa de vida. Se recomienda deshacerse de ellos cuando sea posible, salvo que tengan sinergias con otros negocios.

Matriz de Ansoff

		PRODUCTOS	
		Tradicionales	**Nuevos**
MERCADOS	**Tradicionales**	Penetración en el mercado	Desarrollo de productos
	Nuevos	Desarrollo de mercados	Diversificación

La Matriz Producto/Mercado, también conocida como Matriz de Ansoff, fue creada por Igor Ansoff en 1957. Sirve para identificar oportunidades de crecimiento en las unidades de negocio de una organización.

Comprende dos ejes:

- Uno distingue los productos tradicionales de los nuevos.
- El otro hace lo propio con los mercados.

Ello da lugar a sendos cuadrantes que sirven de base para identificar cuatro grandes estrategias de desarrollo:

Penetración de mercado. Consiste en el crecimiento en los mercados actuales con los productos actuales. Incluye acciones para aumentar el consumo de nuestros clientes actuales, atraer nuevos clientes en el mercado actual, identificar nuevos usos, etc. Esta opción estratégica es la que ofrece mayor seguridad y un menor margen de error, ya que se opera con productos conocidos en mercados también conocidos.

Desarrollo de productos. Consiste en el crecimiento en los mercados actuales con nuevos productos. La empresa desarrolla nuevos productos o modifica los actuales (nuevos modelos, tamaños, etc.) para los mercados en los que opera actualmente.

Desarrollo de mercados. Consiste en el crecimiento en nuevos mercados con los productos actuales. Identifica nuevos mercados para sus productos actuales, ya sea nuevos mercados geográficos (expansión regional, nacional e internacional) o a través de nuevos canales de distribución (acuerdo con distribuidores, venta por Internet, etc.).

Diversificación. Consiste en el crecimiento en nuevos mercados con nuevos productos. Esta estrategia puede ser la última opción que debe escoger una empresa, ya que ofrece menor seguridad, puesto que cualquier empresa, cuanto más se aleje de su conocimiento sobre los productos que comercializa y los mercados donde opera, tendrá mayor riesgo.

49

Matriz de McKinsey

La Matriz de McKinsey es un modelo para analizar el portafolio de negocios o actividades de una empresa y decidir la mejor estrategia respectiva. Las preguntas claves a responder son las siguientes:

- ¿Dónde invertir para mejorar su posición?
- ¿Dónde mantenerse para rentabilizar la inversión?
- ¿Dónde dejar de invertir y retirarse de manera progresiva?
- ¿Dónde desinvertir y abandonar?

Existen distintas versiones de dicha matriz, pero en general comprenden dos ejes: uno del atractivo de la industria y el otro de la fortaleza de la unidad de negocio o producto. Y en ambos ejes se distinguen tres niveles:

- En el eje del atractivo de la industria: bajo, alto y medio.
- En el eje de la unidad de negocio o producto: débil, media y fuerte.

Lo antedicho da lugar a nueve celdas, que sirven de base para definir las estrategias correspondientes.

Para analizar la dimensión *atractivo de la industria* se suelen usar las siguientes variables (cualitativas y cuantitativas):

- Tamaño del mercado.
- Perspectiva de crecimiento.
- Capacidad de expansión de los competidores.
- Estabilidad de la demanda.
- Disponibilidad de recursos.
- Estructura del mercado.

- Volatilidad del proceso y del producto.
- Reglamentación.
- Competencia internacional.
- Globalización.
- Grado de turbulencia del entorno.
- Nivel medio de rentabilidad
- Nivel de riesgo.

Para analizar la fortaleza de la unidad de negocios se suelen utilizar las siguientes variables:

- Cuota relativa de mercado.
- Calidad e imagen del producto o servicio.
- Amplitud de la gama de producto.
- Tecnología.
- Productividad.
- Acceso favorable a los recursos.
- Investigación y desarrollo.
- Capacidad de innovación.
- Estructura de costos.
- Relación con la comunidad.

A partir de la formulación de la matriz, aparecen las recomendaciones generales. Los negocios con un mayor crecimiento potencial, más fuertes y situados en sectores más atractivos son aquellos en los que más se debe invertir para crecer rápidamente. Aquellos más débiles y en mercados menos atractivos deben ser eliminados o habrá que desinvertir en ellos de manera progresiva. Aquellos con una fuerza y un atractivo medio nos llevan a invertir de manera selectiva.

Modelo de Uppsala

50

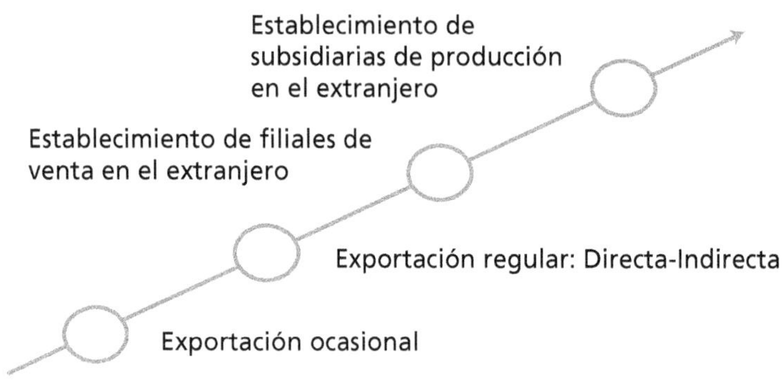

El modelo de Uppsala fue desarrollado por Jan Johansen y Jan Erik Vahlne en 1977 y es una herramienta para acompañar a las empresas en su proceso de internacionalización. Las dos variables sobre las que se despliegan las etapas son:

- Nivel de conocimiento del nuevo mercado.
- Compromiso de la empresa.

Este modelo entiende el proceso de internacionalización como algo gradual e incremental, donde cada etapa lleva a la siguiente, como una consecuencia de la acumulación de conocimiento del nuevo mercado y el compromiso de la empresa con la expansión internacional.

La actividad en el exterior sucederá a lo largo de una serie de etapas sucesivas que representan un grado cada vez mayor de implicación en las operaciones internacionales. Las etapas suelen ser:

- Exportación ocasional, actividades esporádicas o no regulares de exportación.
- Exportaciones regular, a través de representantes independientes.
- Establecimiento de filiales de venta en el país extranjero.
- Establecimiento de unidades productivas en el país extranjero.

En cada etapa ocurre un grado mayor de compromiso de la empresa con el mercado de exportación; asimismo, aumenta gradualmente la experiencia e información que tiene la empresa sobre el mercado externo. Los autores destacan el concepto de "distancia psicológica". La entrada a un mercado externo tiene a producirse en el mercado psicológicamente más próximo al país de origen, ya sea por los aspectos lingüísticos, culturales, políticos, educativos o de desarrollo industrial.

Los autores identifican tres situaciones de excepción al proceso mencionado:

- Primero, cuando la empresa dispone de una gran cantidad de recursos, frente a lo cual las consecuencias de los nuevos compromisos no son significativas.
- Segundo, cuando las condiciones del mercado son estables y homogéneas, ya que el conocimiento del mercado es más fácil de obtener.
- Tercero, cuando la empresa ha adquirido experiencia importante en un mercado de características similares y puede replicar esa experiencia.

51 Tres dimensiones de Abell

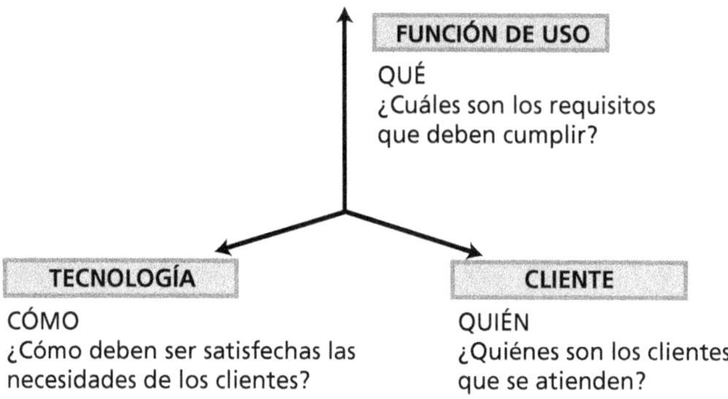

pág. 32

En el comienzo del proceso de planeamiento estratégico se debe definir la misión de la organización, que está en el núcleo del proceso de gestión estratégica. Según Derek Abell, la misión no se puede definir simplemente a través de uno de los ejes, sino que se debe definir el negocio a través de tres dimensiones:

- *Los mercados o grupos de clientes*. ¿A quiénes se quiere satisfacer? Se debe identificar los segmentos de clientes.
- *La función de uso o las necesidades*. ¿Qué se quiere satisfacer? Se debe identificar las necesidades a cubrir y la oferta de productos o servicios.
- *Las tecnologías*. ¿Cómo se satisfarán esas necesidades? Se debe identificar cómo se desarrollarán las actividades.

Estrategia → Comportamientos { A discontinuar / A reforzar / A promover }

La cultura de una organización está dada por los comportamientos predominantes de sus miembros y por los valores y creencias que los sustentan. También puede hablarse de la cultura de un sector de la organización, porque los distintos sectores que la componen no necesariamente comparten una misma cultura.

Se ha discutido mucho acerca de cuánto tiempo y esfuerzo puede requerir el cambio de la cultura, e incluso si es o no factible. Pero, más allá de las generalizaciones, es evidente que en toda organización hay comportamientos concretos que favorecen la implementación de su estrategia, así como hay otros que actúan en contrario. Y es misión irrenunciable de la gerencia reforzar los primeros y superar los segundos. De esto se trata, llámese cambio de la cultura o de otra manera. Para ello, proponemos la metodología siguiente:

I. Partir de una definición precisa de los objetivos y estrategias que surgen del planeamiento estratégico. M 06 - pág. 3

II. Analizar el alineamiento de los miembros de la organización con dichos objetivos y estrategias.

III. Diseñar las intervenciones específicas tendientes a lograr tal alineamiento.

La metodología es aplicable a una organización tomada en conjunto o a un sector de ella (división, área funcional, etcétera). Si se trata de un sector, en cuanto a la estrategia cabe aplicar el enfoque propuesto en el módulo NIVELES – ESTRATEGIAS SECTORIALES, en el sentido de que es válido el planeamiento estratégico en distintos niveles de la organización. M 12 - pág. 4

Para el punto de partida señalado en I, si no se dispone de una definición precisa de los objetivos y estrategias pertinentes, habrá que encarar el desarrollo o la revisión del proceso de planeamiento estratégico correspondiente.

Con relación al análisis del alineamiento indicado en II, los conceptos siguientes son pertinentes:

A. Como dijimos al inicio, la cultura comprende los comportamientos predominantes, así como también los valores y creencias que los sustentan.

B. Estos elementos dependen de múltiples factores:

- La influencia de las personas que en el pasado y en la actualidad han detentado el mayor poder en la organización.
- Los condicionamientos del entorno.
- El tipo de tareas que se lleva a cabo (por ejemplo, no es lo mismo una empresa de consumo masivo que una institución educativa).
- Las características personales de los miembros de la organización.

Dichos factores no solo afectan la cultura, sino que también interactúan entre sí. Por ejemplo, los condicionamientos del entorno pueden influir sobre las actitudes de las personas más poderosas.

C. En el análisis del alineamiento conviene enfocar:

- Por una parte, el comportamiento y los valores y creencias de los miembros de la organización en general.
- Por otra parte, las características de las personas que detentan el mayor poder.
- La relación entre ambas partes, especialmente la influencia de la segunda sobre la primera.

En cuanto a la primera parte planteada en C, es conveniente:

1. Identificar los principales comportamientos actuales y sus respectivos valores y creencias subyacentes. Para ello puede emplearse una guía de los aspectos del comportamiento a tomar en cuenta. En este orden recomendamos el listado que figura en el Módulo 63. "Trabajo en equipo – Atributos del grupo", del libro *Las conversaciones de trabajo,* de Santiago Lazzati (Ediciones Granica, 2014). También cabe utilizar instrumentos de diagnóstico sobre la disposición al cambio (*readiness*) de la gente.
2. En función de los objetivos y estrategias señaladas en 1, distinguir los comportamientos favorables de los desfavorables. Aquí es aplicable el análisis de las "fuerzas del campo" desarrollado por Kurt Lewin.
3. Sobre la base de la distinción indicada en 2, elaborar la siguiente trilogía de comportamientos:
   - A discontinuar (desfavorables actuales).
   - A reforzar (favorables actuales).
   - A promover (nuevos favorables).
4. En dicha distinción, no perder de vista los valores y creencias subyacentes.

Con respecto a la segunda parte de lo propuesto en C, corresponde examinar:

- El ejercicio de los roles gerenciales por parte de los gerentes, incluyendo la evaluación de las competencias gerenciales correspondientes a cada rol. M 56 - pág. 12
- El estilo de liderazgo de los gerentes, particularmente de la alta gerencia. Para esto pueden utilizarse distintos modelos, como ser el directivo vs. el participativo, el orientado a las personas y/o a la tarea y los resultados, el de liderazgo situacional, etcétera. M 67 - pág. 14

A fin de integrar las dos partes indicadas precedentemente, corresponde analizar la relación entre el comportamiento de los gerentes y el comportamiento del resto de la gente, especialmente la influencia del primero sobre el segundo. Aquí puede ser muy útil disponer de información proveniente de la aplicación de "feedback 360°" o "feedback múltiple".

Como corolario del proceso señalado, es conveniente elaborar respecto de los gerentes los pasos ya señalados más arriba en 2, 3 y 4 para los miembros de la organización en general.

El producto principal de la etapa precedente está dado por la identificación de comportamientos a discontinuar, a reforzar y a promover, tanto para los gerentes como para el resto de los miembros de la organización. Ello debe disparar las intervenciones respectivas. Pero deben tenerse en cuenta no solo los comportamientos en sí, sino también los valores y creencias subyacentes, que a su vez dependen de las experiencias vividas. Por ello las intervenciones deben generar experiencias que influyan positivamente y contrarrestar o discontinuar experiencias que influyan negativamente. M 57 - pág. 13

Dichas intervenciones incluyen:

- Acciones directas sobre las personas: actividades de capacitación y coaching, de participación de la gente en el proceso de cambio, de comunicación acerca de los planes de cambio y su ejecución, de feedback, de movimiento de gente (incorporación, transferencia o desvinculación), etcétera.
- Desarrollo de sistemas en el área funcional de la gestión de los recursos humanos: modelo de competencias requeridas, políticas y procedimientos de reclutamiento de gente, estrategias de capacitación y desarrollo, régimen de evaluación y recompensas, etcétera.
- Modificación en los demás elementos de la arquitectura: rediseño de la estructura, mejora del planeamiento y control de las operaciones, desarrollo del sistema de información, etcétera.

Cabe resaltar la importancia del régimen de evaluación y recompensas en cuanto a su influencia en el comportamiento de los miembros de la organización. De una manera u otra, es necesario alentar/premiar los comportamientos favorables y desalentar/castigar los comportamientos desfavorables. O sea, apelar, en mayor o menor grado, a la motivación extrínseca de la gente, sin perjuicio del valor de la motivación intrínseca, que es clave para el éxito de la organización.

En el proceso descripto suele ser conveniente que se aplique un estilo participativo en todos los niveles de la organización, a fin de facilitar el aporte, el compromiso y la motivación de la gente. Asimismo, es indispensable hacer un seguimiento adecuado de la marcha del proceso, sobre todo por parte de la alta gerencia, a fin de asegurar el cumplimiento de los objetivos perseguidos.

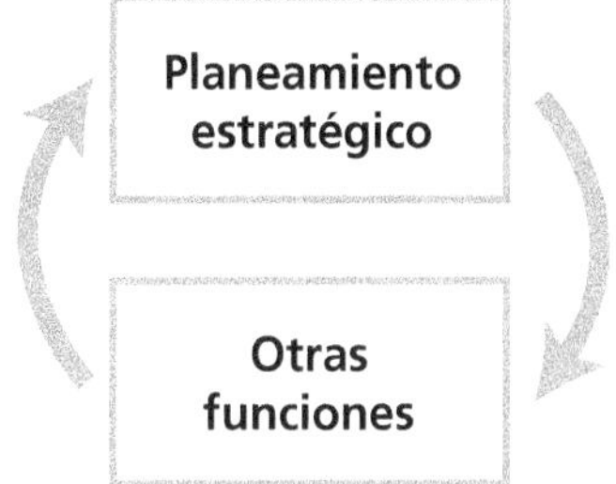

En Argentina y en Uruguay la administración de las sociedades anónimas está a cargo de un "directorio" que actúa por encima de la gerencia de la organización. Otras formas societarias tienen órganos similares con nombres que pueden ser distintos, como "consejo de administración", "comisión directiva", etcétera. Asimismo, en otros países dichos órganos adoptan diferentes nombres; por ejemplo los anglosajones suelen emplear la expresión *board of directors.* Dada la importancia de la sociedad anónima y el empleo generalizado en la Argentina de la palabra "directorio", en este texto la usaremos aclarando que incluimos otros órganos equivalentes, aunque tengan nombres distintos.

El directorio puede estar compuesto por miembros de la gerencia y/o por personas que no forman parte de ella, que suelen llamarse "directores no ejecutivos". Asimismo, el presidente del directorio (el *chairman of the board*) puede ser el propio gerente general o equivalente, o bien una persona que no pertenece a la gerencia.

Para cumplir debidamente con sus responsabilidades, y al mismo tiempo permitir a la gerencia una autonomía saludable, le caben al directorio diversas funciones. Una de ellas es contribuir al desarrollo de la estrategia, o sea participar en el proceso de planeamiento estratégico (responsabilidad primaria de la gerencia). Como complemento, es aconsejable que el directorio monitoree la implementación de la estrategia, incluyendo la gestión del portafolio de los proyectos significativos derivados de la estrategia.

En general, ciertos directores no ejecutivos pueden realizar un aporte valioso al planeamiento estratégico, especialmente con respecto al análisis externo.

El ejercicio de otras funciones del directorio suele tener una relación sinérgica con su contribución al desarrollo de la estrategia: por una parte, el conocimiento acerca de la estrategia brinda un marco conveniente para dicho ejercicio; y, por otra parte, este ejercicio favorece la comprensión de la problemática estratégica. En principio, nos referimos a las siguientes funciones:

- Participar en la definición de políticas relevantes.
- Aprobar decisiones importantes en cuanto a los recursos (inversiones, endeudamiento, etcétera).
- Monitorear los resultados de la organización; o sea, la marcha del negocio.
- Monitorear la gestión del riesgo.

DUALIDADES	
Estratégico	Operativo
Directivo	Facilitador

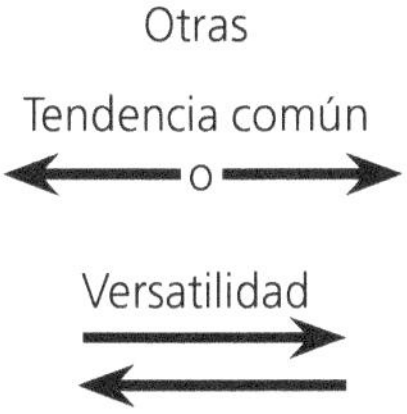

Otras

Tendencia común

← o →

Versatilidad

⇄

En el ámbito de las organizaciones, entendemos por estilo personal a la tendencia de la persona a comportarse de cierta manera, tendencia que es esencialmente consistente en el tiempo y ante distintas situaciones. En otras palabras, es la inclinación estructural a repetir patrones de conducta, más allá de los condicionamientos situacionales. Este es un concepto similar al de *rasgo de personalidad* que se utiliza en el campo de la psicología. Existen múltiples modelos de estilos personales o de rasgos de personalidad. En el libro de Santiago Lazzati y otros autores *Competencias, cambio y coaching*, de la colección "Módulos de management" (Ediciones Granica, 2015), se analizan diversos modelos que intentan cubrir determinados campos de acción de la persona: los rasgos de personalidad en general, el estilo gerencial o de liderazgo, el estilo de aprendizaje, etcétera.

En general, los modelos o estilos o rasgos comprenden ciertas dimensiones que caracterizan a la persona. Cada dimensión se puede presentar de dos maneras: como un continuo de una característica que refleja distintos grados de esta, o como un par de arquetipos opuestos. Por ejemplo, si la característica es *extraversión*, la persona es ubicable en un rango que va desde puntaje muy alto a puntaje muy bajo; o bien se parte de la distinción entre extravertido e introvertido, en donde también cabe medir la intensidad de cualquiera de los dos arquetipos opuestos. En sustancia, ambas maneras son similares, porque el puntaje bajo en el esquema del continuo viene a significar el opuesto respectivo. Por ejemplo, un puntaje bajo en el continuo de extraversión implica introversión.

El hecho de que la persona en una determinada dimensión se ubique en una posición u otra no necesariamente implica *per se* algo bueno o malo, ni mejor o peor. Sin embargo, puede significar que tal posición tiende a ser favorable o desfavorable para ciertas actividades o situaciones.

En este módulo nos concentramos en un aspecto del estilo gerencial o de liderazgo: el comportamiento con respecto a la gestión estratégica. En este orden, Robert E. Kaplan y Robert B. Kaiser, en su excelente libro *¡Cuidado con tus virtudes!* (Empresa

Activa, 2013), identifican dos dimensiones fundamentales que denominan "dualidades": estratégico-operativo, por un lado, y directivo (*forceful*)-facilitador (*enabling*), por el otro, y señalan lo siguiente:

- Las virtudes del lado estratégico son fijar el rumbo, promover el crecimiento y liderar la innovación. Sus vicios o peligros: tener la cabeza en las nubes, pretender más de lo que se puede o impulsar un cambio inconveniente. Las virtudes del lado operativo son: capacidad de ejecución, eficiencia y orden; sus vicios o peligros: visión de túnel, ser demasiado restrictivo (especialmente con los costos) o rigidez en los procesos.
- Las virtudes del lado directivo son hacerse cargo, comunicación asertiva y empuje; sus vicios o peligros: sobrecontrol, dominante en las reuniones o demandante en exceso. Las virtudes del lado facilitador son el "empowerment" de la gente, la capacidad de escucha y el apoyo a los demás; sus vicios o peligros: confiar en lugar de verificar, ser permisivo o ser "demasiado bueno" o blando.

Dichos autores destacan el atributo de "versatilidad", que es la capacidad de moverse de un lado al otro de la dualidad, en función de la situación. Ellos han desarrollado y aplicado un instrumento que intenta medir la versatilidad del gerente. Sus resultados indican para cada uno de los cuatro lados de las dos dualidades si el gerente los utiliza en defecto o en exceso, o en la medida justa. Las investigaciones realizadas, tomando en consideración dichos resultados, arrojan las siguientes tendencias:

- Correlación negativa entre estratégico y operativo, y entre directivo y facilitador. Vale decir que, en la respectiva dualidad, si el gerente tiene mucho de un lado tiende a tener poco del otro. En línea con esto, un porcentaje menor de gerentes posee alta versatilidad.
- Correlación positiva entre versatilidad y eficacia gerencial.

Cabe señalar que la dualidad directivo-facilitador tiene que ver con la estrategia, debido a la importancia de la participación en el proceso de planeamiento estratégico. Por ejemplo, un ejecutivo orientado a lo operativo pero del tipo facilitador puede lograr un enriquecimiento en lo estratégico a través del aporte de sus colaboradores, sobre todo de aquellos con inclinación a lo estratégico.

El libro citado *Competencias, cambio y coaching*, en el módulo 89,"Problemas – Debilidades basadas en fortalezas", profundiza ciertos aspectos psicológicos del modelo de Kaplan y Kaiser.

Estructura y estrategia

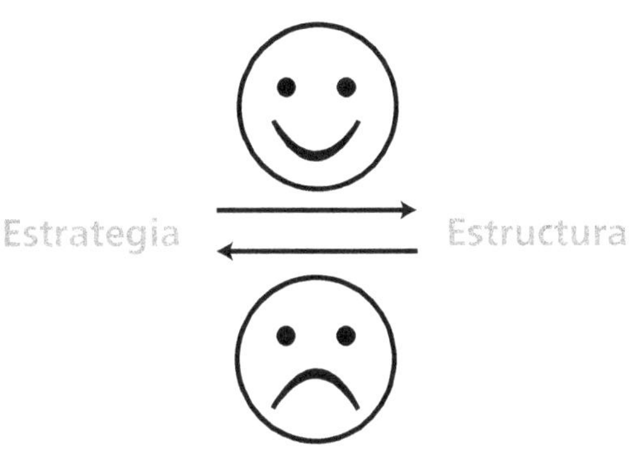

La estructura, que es habitual sintetizar gráficamente por medio de un organigrama, implica decidir acerca de tres cuestiones:

1. La asignación de áreas de responsabilidad. Requiere la definición de las funciones de cada área, lo cual implica cierta agrupación de los procesos o tareas.
2. El establecimiento de niveles jerárquicos y demás relaciones formales, lo cual tiene que ver con los mecanismos de coordinación de las tareas entre las distintas áreas de responsabilidad y dentro de ellas.
3. La asignación de las personas a cada área de responsabilidad, lo cual influye significativamente sobre las relaciones interpersonales reales.

La estructura debe adecuarse a la estrategia. Por ejemplo, en una organización que en la cúpula tiene una estructura funcional y decide estratégicamente poner énfasis en cierta línea de productos, puede justificarse que pase de una estructura funcional a una divisional, asignando a la línea de productos un gerente que reporte directamente al gerente general; o que el hincapié en ciertos objetivos estratégicos amerite adoptar una forma matricial; o que una estrategia orientada al cliente requiera agrupar distintos sectores en un solo proceso; etcétera.

El diseño de la estructura implica una configuración de células compuestas por un jefe y sus colaboradores, habida cuenta de la complicación originada por la forma matricial. Esto da lugar a una cadena de células jefe-colaboradores, que partiendo del número uno de la organización baja verticalmente al mismo tiempo que se abre horizontalmente. El conjunto de células constituye una pirámide, en donde cualquier miembro es a la vez colaborador de un jefe y jefe de sus colaboradores, salvo el primero y el último nivel.

Sobre la base de tal pirámide se suele constituir grupos o equipos de proyecto con un objetivo específico (adicional a los objetivos recurrentes de la organización) a lograr en un período limitado de tiempo. En su mayoría, estos grupos se ocupan de campos intersectoriales que entrañan un cambio organizacional (desarrollo de sistemas de información, mejora de procesos, etc.). La asignación de las personas a dichos grupos o equipos puede ser *full time* o de tiempo parcial. Se trata de células superpuestas a las células estables que componen la pirámide indicada. Se supone que una vez alcanzado el objetivo del proyecto, este se da por terminado, desafectándose a las personas y demás recursos que estaban asignados a él. En general, dichos proyectos surgen del planeamiento estratégico; o sea que aquí también la estructura sigue a la estrategia.

En párrafos precedentes hemos señalado que la estructura debe diseñarse en función de la estrategia. Sin embargo, a veces ocurre indebidamente lo contrario: que determinada estrategia conveniente no puede llevarse a cabo dada la dificultad para realizar la modificación consecuente de la estructura, debido a la resistencia al cambio por parte de personas influyentes, o bien porque quienes deben tomar la decisión correspondiente no lo hacen para evitar conflictos. Este síndrome lo hemos observado en muchas ocasiones.

Gerentes y estrategia

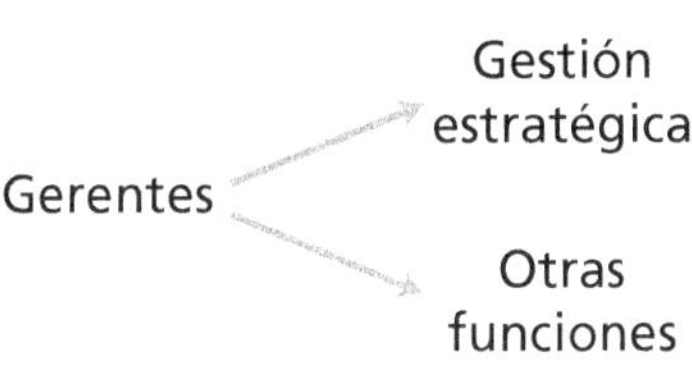

Convencionalmente, utilizamos el término "gerente" en un sentido bien amplio: quien tiene a su cargo un área de responsabilidad, desde toda la organización tomada en conjunto hasta un pequeño sector o proyecto, y que, para ejercer su responsabilidad, también tiene personas a su cargo; vale decir que *es responsable del desempeño de su gente*. El concepto abarca al dueño que conduce su negocio, al gerente general de una empresa, a los gerentes funcionales o divisionales, al jefe de un sector, al encargado de un proyecto, etcétera.

Por otra parte, el "liderazgo" es el proceso por el cual una persona *influye* en otras para que se encaminen hacia el logro de objetivos comunes. El buen gerente debe ejercer un adecuado liderazgo sobre sus colaboradores. Pero el liderazgo no se circunscribe a esta relación. Bien puede ser a la inversa: que los colaboradores influyan sobre el jefe. Además, existe el liderazgo entre pares o en cualquier otro tipo de relación dentro de la organización, así como en muchos otros ambientes: la familia, el grupo de amigos o colegas, el deporte, etcétera. Por otra parte, hay funciones gerenciales que *per se* no implican liderazgo; por ejemplo, controlar los resultados del sector a cargo sobre la base de un informe escrito. De lo antedicho surge que entre gerencia y liderazgo existe una suerte de solapamiento parcial: una parte de la gerencia requiere el ejercicio del liderazgo y una parte del liderazgo es ejercida por gerentes. A la zona en común la denominamos "liderazgo gerencial".

En el módulo LIDERAZGO Y ESTRATEGIA destacamos la relación entre el liderazgo y la gestión estratégica. Cabe señalar que esta relación se refiere especialmente al liderazgo gerencial, enunciado en el párrafo precedente. M 67 - pág. 1

Los gerentes tienen distintas funciones; una de ellas es la gestión estratégica. En los párrafos siguientes ubicaremos esta gestión dentro de los roles de un gerente. Para ello presentaremos un modelo de roles que enfoca los campos de acción del gerente, los cuales corresponden a elementos de la organización indicados en el módulo ANATOMÍA DE LA ORGANIZACIÓN: las personas, la arquitectura y la operación. El libro de Santiago Lazzati *El gerente: estratega y líder del cambio – Más allá de la* M 29 - pág. 7

gestión operativa, de la colección "Módulos de management" (Ediciones Granica, 2015), profundiza sobre dicho modelo.

El gerente, en la conducción del área de responsabilidad a su cargo, ejerce cuatro roles, cualquiera sea su nivel jerárquico:

1. "Operador" – Actúa personalmente en la operación.
2. "Administrador" – Planifica, dirige, coordina y controla las tareas de otras personas en la operación, incluyendo especialmente a sus colaboradores. En tanto administrador, el gerente se basa en la arquitectura establecida, no crea ni modifica la arquitectura.
3. "Arquitecto" – Crea o modifica la arquitectura, compuesta por la estrategia, la estructura y los sistemas.
4. "Humano" – Se ocupa del desarrollo de las personas: su capacitación, su motivación, etcétera.

El rol de arquitecto, a su vez, se puede desglosar en dos funciones:

- La de "estratega", que se ocupa de la gestión estratégica de la organización o del sector, según cuál sea su área de responsabilidad.
- La de "diseñador", que consiste en alinear al resto de la organización o del sector con la estrategia, incluyendo el diseño de la estructura y el desarrollo de sistemas; o sea, la gestión del cambio.

Adicionalmente, los roles de administrador y humano intervienen en la implementación de la estrategia, por cuanto juegan en diversos procesos que forman parte en ella, como ser el planeamiento y control de las operaciones y la gestión de los recursos humanos.

2 - pág. 44

La gestión estratégica es responsabilidad no solo de la alta dirección, sino también de otros niveles gerenciales, por lo indicado en el módulo NIVELES – ESTRATEGIAS SECTORIALES. Esto, a su vez, expande el requerimiento de capacidad estratégica, conforme señalamos en el módulo correspondiente.

En general, es conveniente que el gerente a cargo de la organización o de un sector de ella tenga reuniones con sus colaboradores para:

3 - pág. 66

- Desarrollar el planeamiento estratégico deliberado perteneciente a su área de responsabilidad.

3 - pág. 55

- Monitorear la marcha de la implementación de la estrategia, incluyendo los proyectos pertinentes.

Conforme establecimos en el módulo ANATOMÍA DE LA ORGANIZACIÓN, esta comprende los siguientes elementos: la operación, las personas, la información, la arquitectura (estrategia, estructura y sistemas) y los resultados. Pero con respecto al cambio organizacional cabe aclarar lo siguiente: M 29 - pág. 7

- El cambio implica la modificación del sistema de información, que es parte de la arquitectura.
- El cambio de los resultados se logra modificando los otros elementos que los generan, pero no es posible actuar directamente sobre los resultados.

Por lo tanto, los elementos objeto de la gestión del cambio son la operación, las personas, la estrategia, la estructura y los sistemas.

La expresión "gestión del cambio" se suele utilizar con tres alcances distintos:

1. Uno, en el sentido más amplio, abarca la modificación de cualquiera de los elementos indicados en el párrafo precedente, incluida la estrategia. Con este concepto el planeamiento estratégico forma parte del cambio organizacional.
2. Otro es distinguir la estrategia del resto de los elementos de la organización; a partir de esta distinción, la gestión del cambio constituye el alineamiento de esos elementos con la estrategia.
3. Un tercer empleo de dicha expresión es limitarla al lado humano del cambio. Por ejemplo, dado un proyecto central de desarrollo de un sistema de información o de mejora de procesos operativos, la gestión del cambio comprende las intervenciones complementarias orientadas a alinear el comportamiento con el proyecto central. Este es el concepto que suelen emplear ciertas firmas consultoras.

En este módulo empleamos dicha expresión en el sentido indicado en 2; o sea, el alineamiento con la estrategia de los demás elementos de la organización.

El proceso de cambio comprende dos etapas:

I. El relevamiento y el diagnóstico de los elementos pertinentes en cuanto a su situación actual, incluyendo los riesgos a futuro.

II. El diseño y la implementación del cambio perseguido.

El producto de la etapa de relevamiento y diagnóstico es la especificación de la brecha entre la situación actual y la situación deseada. La etapa siguiente de diseño e implementación establece el camino necesario para superar la brecha; o sea, plasmar las soluciones adecuadas. Al respecto quiero destacar la importancia de adoptar un enfoque sistémico, ya sea que se trate de un proceso de cambio de la organización tomada en conjunto o de un sector de ella.

Tal enfoque es aplicable primero en la etapa de relevamiento y diagnóstico, momento en el cual corresponde juzgar si los elementos examinados responden a determinados atributos; por ejemplo, si los procesos operativos son eficaces y eficientes. Y, en este sentido, una parte importante de los atributos perseguidos apunta a la coherencia adecuada entre un elemento y otro (el *fit*); por ejemplo, si la estructura está alineada con la estrategia, si la evaluación del desempeño está integrada con el modelo de competencias y con el planeamiento y control de las operaciones, etcétera. Estos planteos arrancan con el examen de ciertos elementos, pero llevan a expandir la evaluación hacia otros.

Asimismo, el enfoque sistémico es aplicable en la etapa de diseño e implementación. Aquí la clave es definir la configuración de intervenciones indispensables para lograr efectivamente el cambio propuesto. En esta etapa el concepto de intervención significa acción específica que modifica uno o más elementos de la organización. Con una concepción demasiado simplista se podría suponer lo siguiente: ubicada una brecha en un elemento determinado (fruto de las etapas de relevamiento y diagnóstico), bastaría con intervenir el elemento en cuestión. Por ejemplo, si se detecta un problema en la estructura, cabría pensar que sería suficiente solo modificarla. Sin embargo, en general no es así. El desafío tiende a ser mucho más complejo. Aunque el problema se presente en un solo elemento, la solución suele requerir intervenciones en otros elementos. Siguiendo con el ejemplo, si el rediseño de la estructura fuese el achatamiento de la pirámide junto con un aumento del tramo de control, es probable que ello deba ir acompañado del "empowerment" de la gente, el cual implica un incremento en la participación, la delegación y la disponibilidad de información y otros recursos; esto, a su vez, requiere capacitación, mayor motivación y trabajo en equipo; y todo ello demanda el desarrollo del liderazgo, de valores compartidos, del sistema de información, del planeamiento y control de las operaciones, del modelo de competencias, del régimen de evaluación y recompensas, etcétera, a fin de equilibrar el "empowerment" con el control correspondiente y brindar consistencia a todo el sistema humano.

En adición al planeamiento estratégico, y como alineamiento con él, las intervenciones de diseño e implementación pueden comprender:

- Acciones directas sobre las personas.
- El rediseño de la estructura.
- El desarrollo de sistemas.
- Modificaciones en los recursos, procesos o productos operativos.

Las acciones directas sobre las personas abarcan actividades de capacitación y coaching, de participación de la gente en el proceso de cambio, de comunicación acerca de los planes de cambio y su ejecución, de feedback, de movimiento de gente (incorporación, transferencia o desvinculación), etcétera. Corresponde distinguir dichas acciones del desarrollo de sistemas en el área funcional de gestión de los recursos humanos, como ser el modelo de competencias requeridas, las políticas y los procedimientos de reclutamiento de gente, las estrategias de capacitación y desarrollo, el régimen de evaluación y recompensas, etcétera.

En cuanto a las personas, cabe distinguir a aquellas que ejercen un rol gerencial del resto de los miembros de la organización, debido a la mayor responsabilidad e influencia que ellas tienen como líderes del cambio, especialmente la alta dirección. De todos modos, en general, el éxito del proceso requiere un cambio efectivo en el comportamiento del resto de los miembros de la organización.

M 56 - pág. 12

Para ampliar el tema de este módulo, nos remitimos al libro de Santiago Lazzati *El gerente: estratega y líder del cambio*, de la colección "Módulos de management" (Ediciones Granica), en la Parte III, "Gestión del cambio organizacional".

Gestión del conocimiento y estrategia

La gestión del conocimiento versa sobre la obtención, análisis, estructuración, registro, mantenimiento, disponibilidad y empleo del conocimiento. El conocimiento existente en la organización radica en dos lugares: en la mente de las personas y en los sistemas de información. Al primero se lo suele denominar "implícito" y al segundo "explícito". Una función importante de la gestión del conocimiento es convertir conocimiento implícito en explícito; o sea, transferirlo del individuo al sistema de información, para facilitar su aprovechamiento sistemático por parte de todos los interesados, y para capitalizar conocimiento, aun cuando las personas se desvinculen de la organización y se lleven el conocimiento que poseen en su mente.

1 - pág. 138

La gestión del conocimiento debe ser tomada en cuenta por la estrategia, especialmente con respecto a las competencias esenciales de la empresa (*company's core competencies*) que han destacado C.K. Prahalad y Gary Hamel.

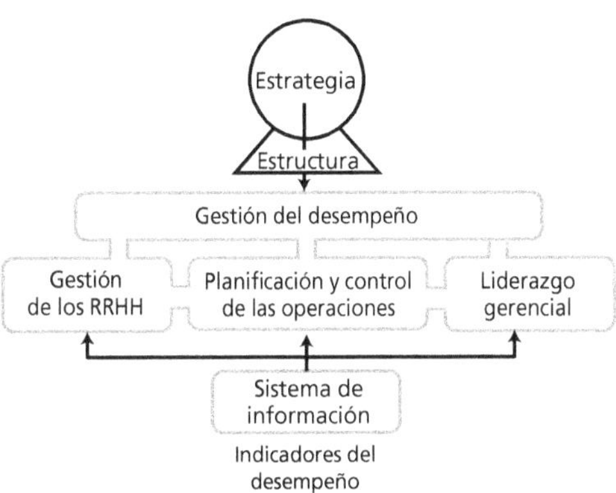

La gestión del desempeño incluye la gestión personalizada de los colaboradores que debe realizar el gerente en torno a la tarea que estos tienen a cargo. Esta gestión abarca las siguientes funciones:

1. Asignar la tarea.
2. Brindar orientación para ponerla en marcha: acordar objetivos, suministrar instrucciones, transmitir valores, etcétera.
3. Brindar apoyo a lo largo de la tarea, tanto en aspectos inherentes a esta como ante problemas personales que pueda tener el colaborador.
4. Controlar la ejecución de la tarea y sus resultados.
5. Suministrar feedback al colaborador.
6. Evaluar formalmente el desempeño del colaborador en relación con la tarea y comunicarle debidamente los resultados de la evaluación.
7. Administrar el régimen de recompensas (premios y castigos). Aquí es importante tener en cuenta que el régimen de recompensas comprende muchos factores, además de la remuneración.

Adicionalmente, la gestión del desempeño integra el planeamiento y control de las operaciones con ciertas funciones de la gestión de los recursos humanos, así como también con los aspectos pertinentes del sistema de información; todo ello en el marco de la estrategia y la estructura organizativa.

El planeamiento y control de las operaciones tiene como primer objetivo monitorear la marcha del negocio, tanto de la organización tomada en conjunto como de las distintas áreas de responsabilidad que la componen. Incluye el control de gestión por comparación de los resultados logrados con los objetivos fijados. Adicionalmente, esta información es utilizable para evaluar el desempeño de los respectivos responsables.

En general, la evaluación del desempeño comprende dos ejes: el de los resultados y el de los comportamientos. La información proveniente del planeamiento y control de las operaciones, referida en el párrafo precedente, constituye la fuente adecuada para evaluar el logro de los resultados. El establecimiento de un modelo de competencias requeridas brinda una buena base para evaluar los comportamientos.

La evaluación del desempeño sirve de plataforma para, por un lado, la toma de decisiones en la aplicación del régimen de recompensas (promociones, ajustes de la remuneración, etcétera) y, por otro lado, el plan de desarrollo personal (PDP) de los evaluados. A su vez, este plan, por una parte, dispara las acciones personales que debe realizar el propio evaluado y, por otra parte, representa una fuente valiosa (entre otras) para el diagnóstico de necesidades de capacitación, antecedente fundamental del programa de capacitación de la organización.

La evaluación suele ser realizada por el "jefe" del evaluado o su equivalente, pudiendo haber más de un jefe, como en el caso de la estructura matricial. Habitualmente, el jefe está en buenas condiciones de evaluar el eje de los resultados. Sin embargo, es común que tenga ciertas limitaciones para evaluar debidamente el eje de los comportamientos con respecto a las relaciones del evaluado con los pares y colaboradores, e incluso con los clientes. Además, en este orden no es extraño que exista una brecha entre lo que cree el evaluado y lo que opinan quienes interactúan con él. Por ello puede ser provechoso emplear un sistema de evaluación múltiple o "feedback 360°" que tiende a brindar al evaluado información verdaderamente útil para la mejora de su desempeño.

El régimen de recompensas es un factor clave de la implementación de la estrategia, en virtud de la cadena siguiente:

- El logro de los objetivos depende significativamente de los comportamientos, además de la estructura y los sistemas.
- Los comportamientos dependen de las competencias y de la motivación de las personas.
- Las competencias dependen en gran parte del aprendizaje, que a su vez tiene como factor positivo la evaluación y el feedback correspondientes.
- La motivación comprende tanto la intrínseca como la extrínseca, y esta depende del régimen de recompensas.

Por ello es fundamental que el régimen de recompensas esté alineado con la estrategia, que los premios y castigos sean coherentes con los objetivos perseguidos.

Gestión del riesgo y estrategia

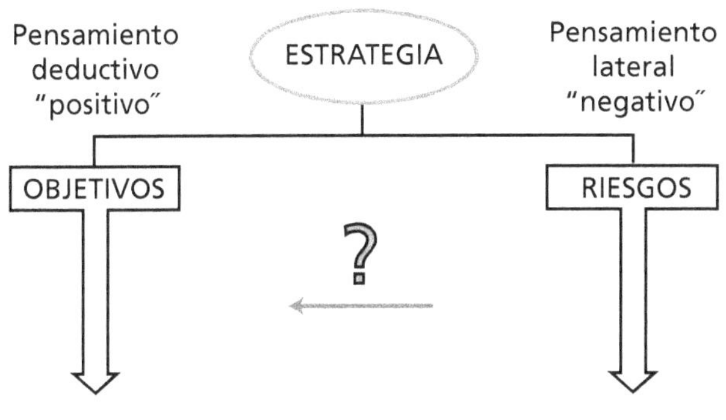

La gestión del riesgo consiste en repasar los objetivos de la organización, en sus distintos niveles, y explorar la posibilidad de eventos que puedan atentar contra su logro, incluyendo acontecimientos fortuitos o extraordinarios. Y, sobre esta base, adoptar las medidas correspondientes para evitar, reducir o compartir esos riesgos.

La gestión del riesgo comprende tanto los objetivos estratégicos como los operativos.

El proceso mental que implica la fijación de objetivos es distinto del que requiere la identificación de sus riesgos. El primero trata de ser positivo y entraña un pensamiento deductivo en cuanto al enlace entre objetivos de un nivel y otro. En cambio, el segundo explora lo negativo y tiene mucho de pensamiento lateral.

La gestión del riesgo incluye el denominado "control interno" y la auditoría, que tienen objetivos comunes: confiabilidad de la información, protección del patrimonio, eficacia y eficiencia de las operaciones, y cumplimiento de la normativa correspondiente. Estos objetivos pretenden cubrir, respectivamente, los riesgos de información incorrecta, perjuicios al patrimonio, ineficacia o ineficiencia, e incumplimiento de la normativa.

Gestión del talento y estrategia

Estrategia exitosa

Competencias organizacionales

Competencias individuales

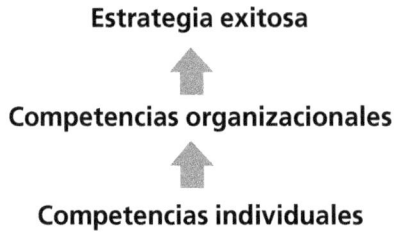

En la época actual, el talento humano es el principal activo que tienen las organizaciones, y por lo tanto ocupa un lugar central en las instancias de planeamiento estratégico.

En primer término, definimos dos conceptos:

- Las competencias organizacionales constituyen las capacidades que la organización necesita para desarrollar e implementar una estrategia dada.
- Las competencias individuales son aquellas características personales que son causales de un desempeño exitoso en el puesto de trabajo. Comprende los conocimientos y habilidades específicas, los valores y creencias, la vocación, las condiciones físicas, la personalidad y la inteligencia. Al respecto nos remitimos a los módulos 29 y 48 de *Competencias, cambio y coaching* de Santiago Lazzati y otros autores, de la colección "Módulos de management" (Ediciones Granica, 2015).

En la elaboración de la estrategia empresarial se definen las competencias organizacionales. Naturalmente, para la definición de la estrategia se tienen en cuenta las competencias que actualmente tiene la organización. Se suelen plantear desafíos en términos de competencias organizacionales, pero teniendo como base la situación actual.

Las competencias organizacionales se traducen en las competencias individuales definidas para cada puesto de trabajo. De esta forma vinculamos las capacidades que requiere la organización analizadas desde una perspectiva estratégica, con las competencias individuales a desarrollar para alinear los esfuerzos individuales a los organizacionales.

Si las personas que integran la organización adolecen de una carencia significativa de las competencias claves necesarias para la estrategia seleccionada, será muy difícil alcanzar los objetivos estratégicos planteados. Por ello, la gestión del talento se concentrará en desarrollar esas competencias.

Los procesos de gestión del talento humano típicos para una organización son:

- Reclutamiento.
- Selección.
- Capacitación y desarrollo.
- Reconocimiento y recompensas.
- Compensación y beneficios.
- Cultura y comunicación. M 52 - pág. 11
- Plan de carrera y sucesión.
- Evaluación del desempeño. M 59 - pág. 13
- Gestión del conocimiento. M 58 - pág. 13

Todos estos procesos contribuyen a seleccionar personas que poseen en buena medida las competencias requeridas en la organización, y a que continúen desarrollándolas durante su vida laboral. Tanto los programas de desarrollo como los reconocimientos y compensaciones, el plan de carrera y la evaluación del desempeño están basados en las competencias requeridas para cada cargo. La cultura y la comunicación reafirman estos conceptos.

Gestión de proyectos y estrategia

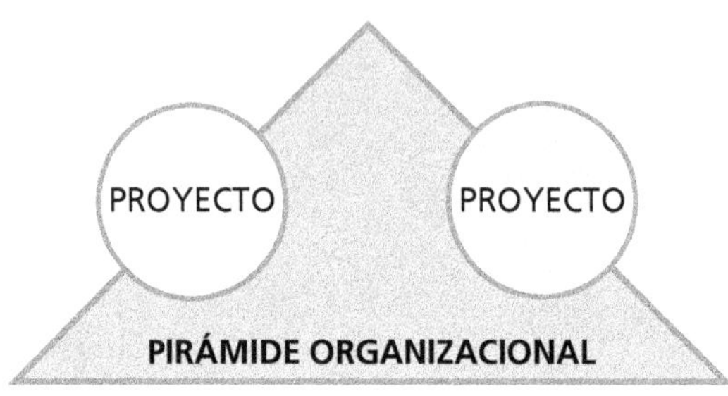

Dentro de una organización es común que existan muchos proyectos. Pero cabe distinguir los "proyectos especiales" que en sustancia significan una modificación de la estructura: se crea un grupo o equipo de proyecto con una misión determinada, bajo la conducción de alguien a quien se acostumbra llamar "líder del proyecto". La asignación de sus miembros puede ser *full time* o de tiempo parcial. Se trata de células superpuestas a las células estables que componen la estructura básica. Se supone que una vez alcanzado el objetivo del proyecto, este se da por terminado, desafectándose a las personas y demás recursos que fueron asignados a él.

En general, los proyectos importantes surgen del planeamiento estratégico y pasan a formar parte de la gestión del cambio: desarrollo de sistemas de información, mejora o reingeniería de procesos operativos, lanzamiento de nuevos productos, etcétera. Estos proyectos suelen requerir la formación de grupos interdisciplinarios, compuestos por miembros de diversos sectores de la organización; a veces con la participación de consultores y otra ayuda externa.

7 - pág. 120

También en la operación pueden constituirse grupos de proyecto; por ejemplo, en los servicios de consultoría o en la industria de la construcción. En este caso, personas que pertenecen a una o más áreas funcionales se agrupan para realizar cierta obra o brindar un determinado servicio operativo.

Dentro de la gestión de proyectos, cabe distinguir:

- La gestión de cada proyecto en sí, que comprende el planeamiento y control de las tareas, la conducción o coordinación de los miembros del grupo o equipo, el manejo de las relaciones externas, etcétera.
- La gestión del portafolio de proyectos, que abarca las estrategias que dan lugar a los proyectos, la fijación de prioridades, la asignación de los recursos, el establecimiento de políticas y procedimientos comunes, el monitoreo de la marcha de los proyectos, etcétera.

Indicadores de desempeño y estrategia

Módulo anteced
59

El concepto de desempeño comprende no solo los resultados de la organización, sino también el comportamiento de sus miembros y, por extensión, el comportamiento de la organización. Vale decir:

DESEMPEÑO = RESULTADOS + COMPORTAMIENTOS

El desempeño implica evaluación: positivo o negativo, bueno o malo, mejor o peor, etcétera. En general, es conveniente basar las evaluaciones en mediciones. En principio, los resultados son medibles, en tanto que los comportamientos son observables. Sin embargo:

- En general, se miden en forma sistémica los resultados inherentes a las variaciones de los activos tangibles, pero existen limitaciones para medir los resultados correspondientes a los cambios en el valor del capital intelectual.
- Los comportamientos son medibles en ciertas condiciones. Por ejemplo, cabe medir el grado de trabajo en equipo sobre la base de una encuesta, donde las opiniones de los encuestados se convierten en expresiones numéricas.

El desempeño se suele medir a través de indicadores, que pueden clasificarse en función de su perspectiva(*):

M 46 - pág. 1

1. Perspectiva financiera, referente a la rentabilidad (y sus diversos ingredientes, como ingresos, costos, etc.), el flujo de fondos, los dividendos, la situación patrimonial, el valor de la acción, etcétera.
2. Perspectiva del cliente: incremento y retención de clientes, satisfacción y lealtad de clientes, rentabilidad por cliente o tipo de cliente, penetración en el mercado, etcétera.

(*) Este enfoque está basado en el libro *El cuadro de mando integral* (*The balanced Scorecard*), de Kaplan y Norton; Gestión 2000, 1997.

3. Perspectiva de los procesos operativos. Estos indicadores giran fundamentalmente en torno a tres atributos: innovación, calidad y productividad. Brindan información sobre productos defectuosos, tiempos entre insumo y producto, proporción de productos nuevos sobre productos activos, etcétera.
4. Perspectiva de aprendizaje y crecimiento, referente a las competencias, la motivación y otros aspectos de las personas, y a los sistemas de información.

La idea de distinguir tales perspectivas se basa en que, si bien los resultados financieros son primordiales, dependen de factores inherentes a las otras tres perspectivas, a saber:

- La principal causa directa de los ingresos y sus efectos (rentabilidad, flujo de fondos, etcétera) radica en los clientes.
- A su vez, la conquista de los clientes depende del precio, la calidad y el *timing* de los productos, que son una función de la innovación, la productividad y la calidad de los procesos operativos.
- Y finalmente estos atributos se fundan en la infraestructura compuesta por las personas y la información, que es la fuente de una ventaja competitiva sostenible en el tiempo.

- pág. 135
- pág. 55

Los indicadores de desempeño configuran una pieza clave de la gestión del desempeño, que a su vez es un instrumento esencial en la implementación de la estrategia. Los indicadores de desempeño, alineados con la estrategia, constituyen un medio de comunicación claro y directo de la estrategia perseguida. En muchos casos los miembros de la organización comprenden su responsabilidad en la implementación de la estrategia de manera más efectiva prestando atención a los indicadores que leyendo o escuchando los enunciados conceptuales.

Información y estrategia

La información tiene un doble rol, importantísimo, con relación a la estrategia: como *input* de los procesos de gestión estratégica, y como *output* de esos mismos procesos. Ejemplo del primero: ciertos indicadores de desempeño ponen de relieve una debilidad importante en un proceso operativo fundamental que implica una cuestión M 05 - pág. 3 estratégica clave (cómo superar dicha debilidad), la cual a su vez dispara la decisión de llevar a cabo la reingeniería de un determinado proceso operativo. Ejemplo del segundo rol: el análisis estratégico pone de relieve las limitaciones del sistema de infor- M 17 - pág. 5 mación en el área comercial, dando lugar a una cuestión estratégica clave (qué hacer al respecto), lo cual amerita aprobar un proyecto para desarrollar un sistema de CRM.

El desarrollo del sistema de información tiene dos aspectos, mutuamente interdependientes: el diseño funcional y el diseño técnico. El primero condiciona al segundo; y viceversa, porque las posibilidades del diseño funcional dependen de la tecnología disponible.

El diseño funcional debe responder a las necesidades de información de los procesos operativos y gerenciales que enunciamos en el módulo ANATOMÍA DE LA M 29 - pág. 7 ORGANIZACIÓN. Los procesos gerenciales comprenden el planeamiento estratégico, la gestión de los recursos humanos, el planeamiento y control de las operaciones, la gestión del riesgo, la gestión del conocimiento, la gestión del cambio... En última instancia: la toma de decisiones. En este orden, los indicadores de desempeño constituyen un elemento clave del diseño funcional.

El diseño técnico utiliza la tecnología informática (TI). La función de la TI es dotar a la M 68 - pág. 1 organización de sistemas útiles para la ejecución de sus procesos y para tomar decisiones, con el propósito de hacerlo en forma más eficaz y eficiente. Hoy en día la TI es la clave del sistema de información, con el efecto consiguiente sobre los procesos humanos, operativos y gerenciales y la toma de decisiones que se realiza con base en estos procesos, y finalmente sobre los resultados.

El desarrollo de la TI, además de las mejoras indicadas en el párrafo precedente, ha abierto extraordinarias posibilidades en cuanto a:

- Cambios sustanciales en los procesos y productos operativos, así como también en los procesos gerenciales.
- Integración interfuncional dentro de la organización.
- Integración operativa con clientes, proveedores y otros actores internos.
- Desarrollo del negocio electrónico (*e-business*).

Una característica central de la TI actual es que posibilita el trabajo en red, permitiendo compartir recursos físicos, software e información entre personas y sistemas de distintos sectores, unidades de negocio y empresas. Esto lleva a la integración de procesos. Así, por ejemplo, a través del sistema de una empresa cliente (tal vez sin intervención humana) ingresa un pedido en la red de una empresa proveedora, generándose al instante la información que requieren las personas y sistemas de los distintos sectores de la empresa proveedora (depósitos, área comercial, abastecimiento, distribución, producción, facturación, etc.) e inclusive el cliente puede obtener información sobre la fecha de entrega. Estas redes abarcan las públicas (internets), internas (intranets), y las que relacionan empresa con proveedores, clientes, distribuidores (extranets). Todo ello implica profundas transformaciones en la forma de operar de la empresa y de interactuar con clientes, proveedores y otros elementos del contexto (una agencia reguladora puede conocer al instante el estado operativo de todos los equipos de las líneas de una empresa transportadora de energía). Consecuentemente se generan oportunidades y amenazas estratégicas, incrementándose la productividad (aunque también, si no se toman las medidas pertinentes, los riesgos).

Por lo tanto, los beneficios de la TI deben evaluarse, no solo por su impacto sobre el sistema de información, sino también como parte de las estrategias de negocio. La TI posibilita en gran medida la generación de ventajas competitivas.

La arquitectura de la TI abarca:

- La arquitectura de aplicaciones, que comprende cuáles son sus componentes (programas o conjunto de programas) y cómo interactúan (por ejemplo, en capas: capa de interacción con usuarios u otros sistemas, capa que realiza la función básica, capa de datos) para cumplir una función que puede ser la automatización de una tarea, la registración de acciones y sus resultados, o la provisión de información.
- La arquitectura técnica, que está compuesta por los elementos tecnológicos necesarios para desarrollar, ejecutar y dar soporte (por ejemplo, monitoreo, *backup*, reinicio) a las aplicaciones.
- La arquitectura de datos, referente al movimiento, acceso, almacenamiento y organización de los datos.

Dentro de las aplicaciones de la TI cabe resaltar:

- Los sistemas integrados de gestión ERP (Enterprise Resource Planning), que sirven de base a los principales procesos operativos (primarios y de apoyo) y gerenciales.
- Sistemas que cubren específicamente determinados procesos de la organización, como el CRM (*Client Relationship Management*) y el SCM (*Supply Change Management*).
- La inteligencia de negocios (*business intelligence*), que comprende distintos conceptos: OLAP (*on line analitical processing*), *data mart, data warehouse, data mining, knowledge management, content management*, etcétera.

Relacionado con la inteligencia de negocios, están los *Decision Support Systems* (DDS) que ayudan a los gerentes a tomar decisiones facilitando la realización de simulaciones y análisis de sensibilidad, entre otras aplicaciones. Los DDS son alimentados habitualmente por un OLAP y están más orientados al análisis que a la obtención de información o a su arquitectura.

65 Innovación y estrategia

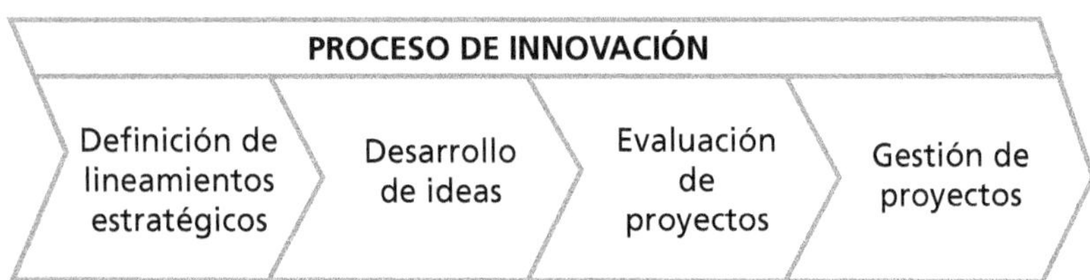

En la época actual, innovación y estrategia son dos conceptos muy presentes en la mesa de la dirección de las empresas. Cada día que pasa se vuelve más y más necesaria la innovación para desarrollar estrategias competitivas.

En primer lugar, queremos definir *innovación*. La innovación va más allá de la creatividad. La creatividad implica nuevas ideas. La innovación requiere llevar la creatividad, propia o ajena, a la acción, al terreno de los hechos. La innovación entraña no solo creatividad, sino también disposición a tomar riesgos, flexibilidad/adaptación al cambio, iniciativa/proactividad, optimismo y tenacidad/perseverancia. Naturalmente, la innovación no depende solamente de las características personales, sino también de las condiciones de la organización.

4 - pág. 87

Conforme se plantea en el módulo ENFOQUE DE LA ESTRATEGIA – PRESENTE Y FUTURO, las organizaciones afrontan dos grandes desafíos:

- Lograr los mejores resultados sobre la base de la configuración actual. Aquí son fundamentales la eficiencia y el rol gerencial del administrador.
- Ir transformando la configuración, en mayor o menor grado, para crear las condiciones que habrán de favorecer los resultados del mañana. Aquí son claves la innovación y los roles gerenciales de arquitecto y humano (desarrollo de las personas).

Hemos elaborado el siguiente modelo general de la gestión de la innovación, cuyo diagrama ilustra este módulo. El proceso incluye las siguientes fases:

- *Definición de lineamientos estratégicos*. Incluye la definición de conceptos fundamentales, la identificación de áreas que constituyen las mejores oportunidades de innovación, y la priorización de dichas áreas.
- *Desarrollo de ideas.* Incluye generación de ideas (creatividad), evaluación de ideas (juicio crítico) y elección de ideas (decisión). Esto deriva en *propuestas de proyectos.*

- *Evaluación de proyectos*. Incluye la aplicación de la tecnología respectiva (factibilidad, conveniencia, etc.).
- *Gestión de proyectos*. Comprende tres campos: la gestión del portafolio de proyectos, los proyectos asignados a equipos creados al efecto, y los proyectos a cargo de los respectivos responsables de la estructura básica. M 62 - pág. 1

En el módulo GESTIÓN DEL CAMBIO Y ESTRATEGIA enunciamos las intervenciones en las áreas de personas, estrategia, estructura y sistemas, a fin de lograr el cambio perseguido. A continuación presentamos algunos ejemplos de iniciativas que pueden implementarse para desarrollar la capacidad de innovación en las organizaciones: M 57 - pág. 1

- Como parte del proceso de planeamiento estratégico, definir lineamientos estratégicos con respecto a la innovación. Esto incluye la definición de pautas fundamentales, la identificación de áreas que constituyen las mejores oportunidades de innovación, y la priorización de dichas áreas.
- En el diseño de la estructura, optar por formas que favorecen la innovación, como la constitución de grupos de proyectos, el énfasis en el ajuste mutuo como mecanismo de coordinación, la asignación de responsabilidades específicas que contribuyan efectivamente al desarrollo de la innovación, etc. M 55 - pág. 1
- En la gestión por objetivos, que integra el sistema de planeamiento y control de las operaciones, establecer que los respectivos responsables deban formular objetivos específicos de innovación, además de los objetivos operativos.
- En línea con el punto precedente, como parte del sistema de información, emplear indicadores de desempeño que midan el grado de innovación en los aspectos correspondientes. M 63 - pág. 1
- Disponer que la competencia de capacidad innovadora tenga un rol relevante en el modelo de competencias, en el sistema de evaluación y recompensas, en el reclutamiento y en otros aspectos de la gestión de los recursos humanos.
- Realizar actividades de capacitación orientadas a desarrollar la capacidad innovadora de los miembros de la organización.
- Establecer programas especiales tendientes a que las personas participen en actividades innovadoras.

66 Interacciones entre las personas y estrategia

COMUNICACIÓN
PARTICIPACIÓN
REUNIONES
TRABAJO EN EQUIPO

El libro de Santiago Lazzati *Las conversaciones de trabajo*, de la colección "Módulos de management" (Ediciones Granica, 2014), trata sobre la comunicación, la participación, las reuniones y el trabajo en equipo en el ámbito de las organizaciones. Sus conceptos y técnicas son aplicables a los procesos de planeamiento estratégico y de implementación de la estrategia.

Liderazgo y estrategia

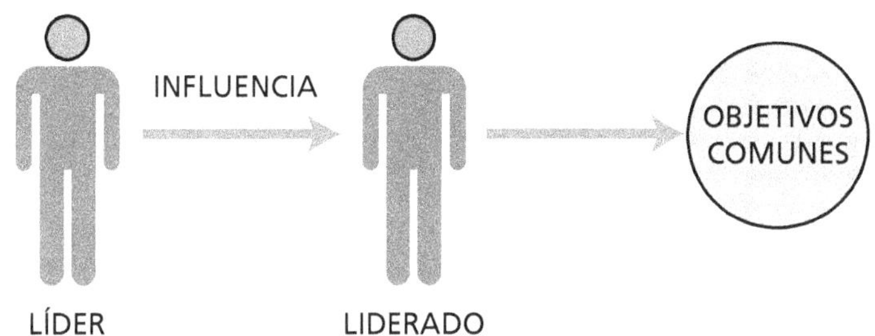

El liderazgo es el proceso por el cual una persona influye en otras para que se encaminen hacia el logro de objetivos comunes. Se puede tener mayor o menor aptitud para el ejercicio del liderazgo. Sin embargo, tal aptitud *per se* no constituye liderazgo, que se define, además, por la predisposición de los seguidores y las condiciones de la situación. En el módulo GERENTES Y ESTRATEGIA planteamos la relación entre gerencia y liderazgo, y establecemos el concepto de "liderazgo gerencial".

M 56 - pág. 1

John P. Kotter, en su excelente libro *La verdadera labor de un líder* (Norma, 1999), afirma que el liderazgo comprende:

- Señalar el rumbo.
- Alinear gente.
- Motivar gente.

Si bien Kotter habla del liderazgo en general, cabe señalar que esta afirmación esencialmente se refiere a lo que nosotros denominamos "liderazgo gerencial", que resume claramente la relación entre el liderazgo y la gestión estratégica:

- Señalar el rumbo es inherente al contenido de la estrategia.
- Alinear y motivar a la gente es fundamental para lograr la implementación efectiva de la estrategia.

En el libro de Santiago Lazzati *El cambio del comportamiento en el trabajo* (Ediciones Granica, 2008), en los capítulos 6, 7 y 8 se desarrolla el tema del liderazgo. Muchos de los conceptos allí tratados son aplicables, en mayor o menor grado, a la gestión estratégica.

68 Tecnología y estrategia

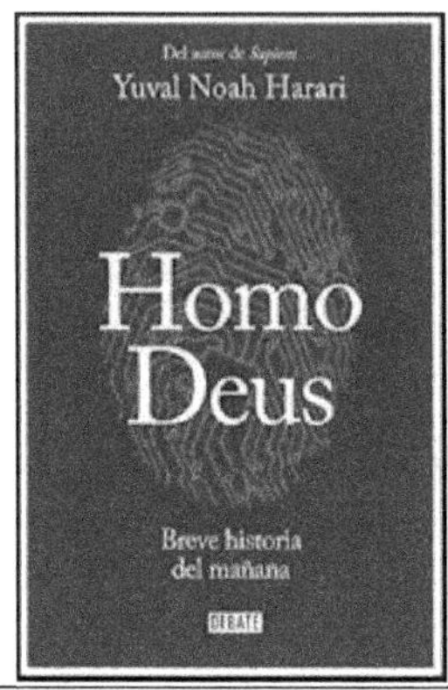

Yuval Noah Harari
Homo
Deus
Breve historia
del mañana
DEBATE

- pág. 53
- pág. 30
- pág. 131

En general, un tema central de la gestión estratégica es la tecnología. Suele ser clave tanto en el análisis interno como externo, pudiendo dar lugar a cuestiones estratégicas claves en cuanto al producto y sus implicancias (*output*), a los recursos fundamentales (*input*) y a cambios organizacionales de alto impacto.

La tecnología es el conjunto de conocimientos fundado en gran medida en la ciencia moderna, y de procedimientos e instrumentos basados en dicho conocimiento, que normalmente permiten obtener resultados con mayor eficacia y eficiencia.

Aún existen casos de *know how* o *savoir faire* que se basan en la experiencia y la tradición y para los cuales no se dispone de explicación satisfactoria alguna. Sin embargo, es la tecnología la que lleva a incrementos de la eficacia y de la eficiencia cada vez más rápidos, estructurados y fundados explícitamente. Esta evolución muestra palmariamente un uso cada vez más extensivo e intensivo de la tecnología.

En el campo de las organizaciones, la tecnología tiene múltiples aplicaciones: en la operación, en el management y en la informática.

La tecnología de la operación depende sustancialmente del ramo de actividad o "industria" (telecomunicaciones, petróleo, siderurgia, automotrices, bancos, etcétera). Por otra parte, puede diferenciarse en función de los procesos alcanzables:

- *De abastecimiento*, relativa a la obtención de los recursos para la operación de la organización y a la logística pertinente.
- *Productiva,* correspondiente a la elaboración de bienes y la prestación de los servicios propios del ramo de negocio de la organización.
- *Comercial,* relacionada con la gestión de la relación con el cliente, incluyendo los respectivos procesos de comunicación, de logística y de venta de productos y servicios.
- *Financiera*, inherente a la gestión de fondos.

Además, la tecnología se utiliza en funciones de apoyo de la operación: investigación y desarrollo, contabilidad, auditoría, etcétera.

La tecnología del management se aplica a la estrategia, la estructura y los sistemas; o sea, a la arquitectura.

La tecnología de la información es aquella relativa al procesamiento y transmisión de datos. Vale aclarar que en la jerga de la organización es común hablar de tecnología (a secas) para referirse a la tecnología informática.

Bibliografía

Libros sobre estrategia

CRAINER, Stuart y DEARLOVE, Des: *Strategy*. Colección Thinkers 50 Mc Graw-Hill, 2014.

CHAN KIM, W. y MAUBORGNE, Renée: *La estrategia del océano azul*. Editorial Norma, 2005.

GIMBERT, Xavier: *Pensar estratégicamente*. Modelos, conceptos y reflexiones, Deusto, 2010.

HAMEL, Gary y PRAHALAD, C.K.: *Compitiendo por el futuro*. Editora Ariel, 2001.

HAX, Arnoldo y MAJLUF, Nicolás: *Estrategias para el liderazgo competitivo*. Ediciones Granica, 1997.

KAPLAN, Robert S. y NORTON, David P: *El Cuadro de Mando Integral*. Gestión 2000, 1997.

KAPLAN, Robert S. y NORTON, David P.: *Mapas estratégicos*. Gestión 2000, 2004.

———: *The execution premium*. Deusto, 2008.

LAZZATI, Santiago: *El gerente: estratega y líder del cambio - Más allá de la gestión operativa*. Ediciones Granica, 2015.

MANSO CORONADO, Francisco J.: *Diccionario enciclopédico de estrategia empresarial*. Díaz de Santos, 2003.

MINTZBERG, Henry; AHLSTRAND, Bruce y LAMPEL, Joseph: *Safari a la estrategia*. Ediciones Granica, 1999.

NAVAS LOPEZ, José Emilio y GUERRAS MARTIN, Luis Ángel: *Fundamentos de la dirección estratégica de la empresa*. Thomson Reuters, 2016 (2ª edición).

OSTERWALDER, Alexander y PIGNEUR, Yves: *Generación de Modelos de Negocio*. Deusto, 2010.

———: *Diseñando la propuesta de valor*. Deusto, 2015.

PLANELLAS, Marcel y MUNI, Anna: *Las decisiones estratégicas*. Conecta, 2015.

PORTER, Michael: *Estrategia competitiva*. Cecsa, 1982.

———: *Ventaja competitiva*. Cecsa, 1987.

Libros sobre temas vinculados

KAPLAN, Robert E. y KAISER, Robert B.: *¡Cuidado con tus virtudes!* Empresa Activa, 2013.

LAZZATI, Santiago: *El cambio del comportamiento en el trabajo*. Ediciones Granica, 2008.

———: *Toma de decisiones. Principios, procesos y aplicaciones*. Ediciones Granica, 2013.

———: *Las conversaciones de trabajo. Comunicación, participación, reuniones y trabajo en equipo*. Ediciones Granica, 2014.

———, TAILHADE, Matías y CASTRONOVO, Mercedes: *Competencias, cambio y coaching*. Ediciones Granica, 2015.

LEVY, Alberto: *Penta/Innovación.* Edicon, 2013.

NADLER, David y TUSHMAN, Michael: *El diseño de la organización como arma competitiva.* Oxford, 1999.

SIMON, Robert: *Las palancas de control.* Temas, 1998.

ROURE, Juan y RODRÍGUEZ, Miguel Angel: *Aprendiendo de los mejores.* Gestión 2000, 1999.

Apéndice

Sistema de módulos del conocimiento®

El "SISTEMA DE MÓDULOS DEL CONOCIMIENTO" (SMC) que presentamos en este texto responde al enfoque de integración entre trabajo y actividad educativa. El esquema básico del SMC representa un procedimiento específico para contribuir a la transferencia de la capacitación al trabajo, que forma parte de dicha integración. Pero la idea de desarrollar módulos de conocimiento puede expandirse mucho más allá del esquema básico. Por ejemplo, si la empresa emplea o va a emplear la llamada gestión por competencias, esta puede integrarse con el SMC. En última instancia, el SMC es una forma de *knowledge management* o gerencia del conocimiento.

El SMC es especialmente propicio para temas conductuales. Sin embargo, cabe utilizarlo para otros contenidos temáticos.

A continuación, plantearemos el esquema básico del SMC. Suponemos que la empresa diseña adecuadamente sus actividades educativas, lo cual produce contenidos temáticos que habrán de incluir elementos valiosos para aplicar posteriormente en el trabajo. Sin embargo, cuando los participantes de dichas actividades retornan al trabajo, suelen recurrir poco o nada a tales elementos. Estos quedan como "perdidos" dentro del material de capacitación. Una razón de ello puede ser que el ordenamiento didáctico de los materiales de capacitación no necesariamente constituye el acceso más favorable al momento del trabajo.

Una alternativa para superar el problema indicado es seleccionar y revisar los elementos más valiosos de los contenidos temáticos de la actividad educativa; en principio aquellos que reúnan las condiciones siguientes:

- Los de aplicación más generalizada.
- Los que signifiquen una clarificación conceptual importante.
- Los de mayor utilidad práctica.
- Los que suministren a la práctica una consistencia positiva, susceptible de ser acordada.

Denominamos "módulos" a los elementos así seleccionados y revisados. Un módulo puede ser:

- Un concepto clave (ejemplo: el de tablero de comando equilibrado).
- Un modelo fundamental (ejemplo: el de liderazgo situacional).
- La metodología de un proceso típico (ejemplo: el de resolución de problemas).
- Un *check list* a utilizar en una situación determinada (ejemplo: una lista de puntos a tomar en cuenta en una negociación).

- Un cuestionario de evaluación (ejemplo: el que pregunta sobre los atributos de un grupo para diagnosticar su grado de trabajo en equipo).
- Etcétera.

Los "módulos" se incorporan a un "repositorio", de acceso fluido durante el trabajo cotidiano. De esta manera, los contenidos temáticos, que tienden a constituirse en un archivo pasivo con respecto al trabajo, se convierten en un archivo activo de elementos valiosos, de aplicación efectiva.

El Gráfico 1 ilustra dicho esquema básico.

Gráfico 1

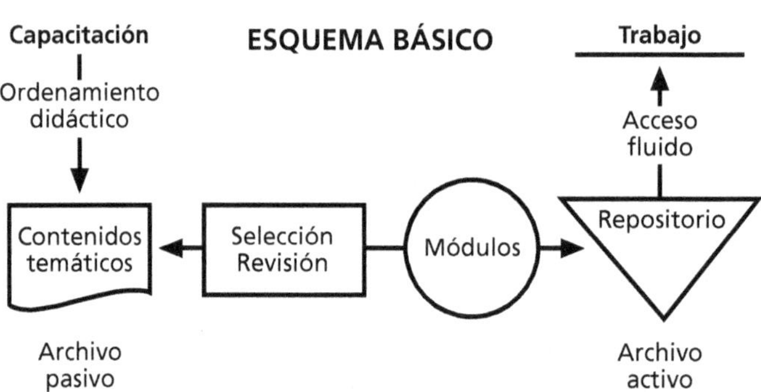

El esquema básico indicado es fácil de expandir. La fuente de los módulos puede estar constituida, no solo por los contenidos temáticos de capacitación, sino también por procesos de cambio organizacional o mejora de la calidad, información externa sobre mejores prácticas, etcétera. Incluso la experiencia del propio trabajo puede generar módulos. Se trata de un archivo abierto que se va enriqueciendo continuamente. Por otra parte, el repositorio a su vez realimenta los sucesivos diseños educativos. Esto puede incluir no solo actividades de enseñanza presencial, sino también programas de autoestudio, material de apoyo al coaching, etcétera.

El Gráfico 2 resume lo antedicho.

Gráfico 2

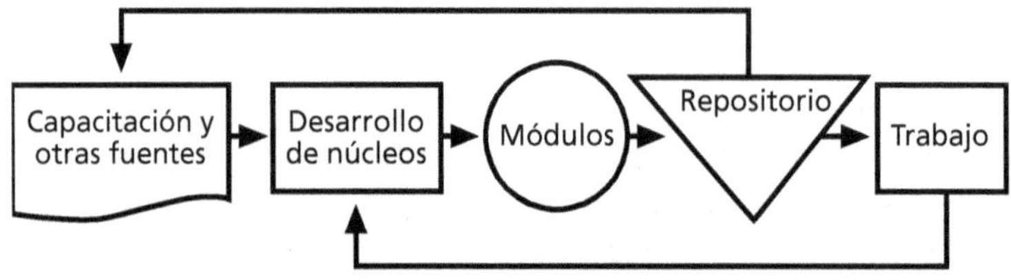

El SMC dispone de una metodología del proceso de desarrollo de los módulos, que abarca al análisis de las fuentes, los criterios de selección, los procedimientos de revisión, un formato estándar, la indicación de los protagonistas del proceso, etcétera.

El repositorio requiere cierta estructura lógica, que facilite el *input*, el archivo y la utilización de los módulos. Además es provechoso agregarle un glosario y mapas alternativos de navegación.

El SMC ofrece los siguientes beneficios:

- Ayuda en el trabajo, en tiempo real.
- Lenguaje común.
- Puente con otra información.
- Refuerzo de la capacitación.
- Calidad de los contenidos temáticos de la capacitación.
- Ordenamiento sistémico del conocimiento.

www.ingramcontent.com/pod-product-compliance
Lightning Source LLC
Chambersburg PA
CBHW060033210326
41520CB00009B/1111

9789506419615